আমার কলমের স্বর

অনুপম তরফদার

স্ব-বাক্ প্রকাশনী

কৃতজ্ঞতা স্বীকার :-

শ্রীমতি মধুছন্দা তরফদার

শ্রী অনুপম সেন

প্রচ্ছদ : শ্রী অনুপম সেন

উৎসর্গ :- পরোলোকগত অন্তরঙ্গ বন্ধু
সুভাষের স্মরণে

ভূমিকা:-

কবিতা পড়ার প্রতি আমার কোনোদিনই তেমন আকর্ষণ ছিল না। কবিতা পড়ার প্রতি যেমন কোনোদিন আকৃষ্ট হই নি তেমনই কবিতা কোনোদিন লিখবো বা লিখতে পারবো বলেও কোনোদিন ভাবি নি। প্রকৃতপক্ষে আমি এই জগতের লোকই ছিলাম না। মাঝে বহুচর্চিত কোনো একজনের লেখা কবিতা বা ছড়া যেগুলো বিভিন্ন শ্রেণীর পাঠ্য বইয়ে স্থান পাচ্ছিল সেগুলো পড়ে মনে হয়েছিল যে আমি কোনোদিন না লিখে থাকা সত্ত্বেও ওগুলোর থেকে ভালো লিখতে পারবো। সেই জেদ নিয়েই ২০১৯ সালে লিখতে শুরু করি এবং একটা দুটো করে লিখতে লিখতে বিভিন্ন বিষয়ে লেখার চেষ্টা করি। যা লিখেছি সেগুলো কবিতা/ছড়া/পদ্য যাই হোক সেগুলোকে ফেসবুকে পোস্ট করতাম। সেগুলোকে কেন্দ্র করে অনেকের অনেক মতামত বিশেষ করে যাঁরা কবিতা লেখেন সেইরকম বেশ কয়েকজনের উৎসাহব্যঞ্জক মন্তব্য আমাকে উদ্বুদ্ধ করে এবং আমি লেখা চালিয়ে যাই। এইভাবে লেখা কিছু ছড়া/পদ্য/কবিতার সংকলন নিয়ে প্রকাশিত আমার এই চতুর্থ কাব্যগ্রন্থ।

সংক্ষিপ্ত জীবনী :-

১৯৬৫ সালের ২৮শে নভেম্বর আমার জন্ম বালুরঘাট হাসপাতালে। বালুরঘাট উচ্চ বিদ্যালয়ের প্রাথমিক বিভাগে ১৯৭২ সালে প্রথম শ্রেণীতে ভর্তি হয়ে ছাত্রজীবনের শুরু। ষষ্ঠ শ্রেণী পর্যন্ত বালুরঘাট উচ্চ বিদ্যালয়ে পঠন শেষে ১৯৭৮ সালে রামকৃষ্ণ মিশন আবাসিক বিদ্যালয় নরেন্দ্রপুরে সপ্তম শ্রেণীতে ভর্তি হয়ে ১৯৮২ সালে মাধ্যমিক পাশ করে ওই বছরই বালুরঘাট মহাবিদ্যালয়ে একাদশ শ্রেণীতে ভর্তি হয়ে ১৯৮৪ সালে উচ্চ মাধ্যমিক এবং ১৯৮৬ সালে স্নাতক হই।

১৯৮৬ সালের সেপ্টেম্বর মাসে ভারতীয় স্টেট ব্যাঙ্কে করণিক পদে যোগদান করি এবং এখনও চাকুরীরত।

ছাত্রজীবনে প্রচুর গল্পের বই পড়েছি। গল্পের বই পড়াটা নেশা ছিল এমনকি লুকিয়ে পড়ার বইয়ের মধ্যে নিয়েও গল্পের বই পড়তাম। দেশীয় লেখকদের মধ্যে সত্যজিৎ রায়, নারায়ণ সান্যাল, তারাপদ রায়, নিমাই ভট্টাচার্য, শঙ্কু মহারাজ, ডাক্তার নীহাররঞ্জন গুপ্ত,শঙ্কর প্রমুখদের লেখা খুব আকৃষ্ট করতো।

প্রচুর বিদেশী লেখকের লেখা বাংলায় অনুবাদ করা বই পড়েছি এবং পড়তে খুব ভালোবাসতাম। এনাদের মধ্যে জেমস্ হেডলি চেজ, আগাথা ক্রিষ্টি, আর্থার কোনান ডয়েল, আর্থার হেলি, উইলিয়াম শেক্সপিয়ার প্রমুখদের লেখা খুব আকৃষ্ট করতো। গোয়েন্দা গল্প এবং থ্রিলার খুব পছন্দ ছিল।

ছোটোবেলায় আনন্দমেলা, শুকতারা, স্বপন কুমার প্রচুর পড়েছি। তবে আমি সাহিত্য রসিক বা সাহিত্যানুরাগী সেভাবে কোনোদিনই ছিলাম না। কবিতার বই পড়ার শখ কোনোদিন ছিল না। কোনোদিন কবিতা লিখবো বলে ভাবিও নি। কোনো একজনের লেখা কবিতা এবং ছড়া পাঠ্যপুস্তকে স্থান পাওয়ায় সেইগুলা পড়ে নিজের মনে হয়েছিল যে ওগুলোর থেকে ভালো আমি লিখতে পারবো। সেই জেদ নিয়েই ২০১৯ সালে প্রথম লেখা শুরু করে দু চারটে লিখি আর তারপর থেকেই বিভিন্ন বিষয়ে লেখার ইচ্ছে জাগে এবং লিখতে থাকি।

সূচিপত্র:-

১) ছন্দপতন

ছন্দ মেলাতে চাইছি তবু

হয়ে চলেছে ছন্দপতন,

যতোই রাখি না খেয়াল আর

যতোই করি সঠিক যতন।

খুঁজে ফিরি হাতড়ে বেড়াই

সঠিক শব্দের পাই না হদিস,

লেখায় পোক্ত হই নি তেমন

আমি এখনও শিক্ষানবিশ।

শখের বশে লেখা শুরু

শখের বশেই চালিয়ে যাওয়া,

সেই লেখাতেই পরিজনদের

একটু স্নেহের পরশ পাওয়া।

ভালো লাগে যখন দেখি

কাছের মানুষের পাই শংসা,

ভালো লাগে যখন ভালোবেসে

তাঁরা ভুল ধরিয়ে দেন ভরোসা।

কতোদিন চলবে কলম

নেই তা আমার জানা,

শব্দ সঠিক খুঁজে পেলে

লিখতে নেইকো কোনোই মানা।

২) স্বপ্নের মৃত্যু

অকালে গেল ঝরে

তরতাজা একটি প্রাণ,

ওহে যাদবপুর!!!

কারা করলো খুন, তুলে দিল চিতায়

তোমার শ্রেষ্ঠত্ব, তোমার মান সম্মান?

তোমার সন্তানেরা সব কোথায়

তারা কি নিদ্রায় আজ?

আজ নেই কেন কোনো কলরব

নেই কেন পথে কোনো

গীটার বাদকের গীটারের আওয়াজ?

ওহে ছাত্রসমাজ!

দেশের ভবিষ্যৎ!

এক হয়ে সব তোলো আওয়াজ

স্বপ্নের মৃত্যু, স্বপ্ন পোড়ানোর এই ঘৃণ্য প্রথা

যে করেই হোক করবো রদ।

চাই না আমরা এমন প্রগতি

যা বর্বরতাকে মানায় হার,

চাই না এমন শিক্ষা যা

সভ্যতাকে লজ্জা দেয়,

সমস্বরে তোলো আওয়াজ এই প্রগতি কে ধিক্কার।

৩) হারিয়ে গেল

বসেছে আজ ভুলতে লোকে

চড়ুই পাখির নাম,

সাঁঝের বেলায় ধূ ধূ মাঠে

দেখবে গেলে জোনাকির অভিমান।

তালগাছে আর ঝোলে না এখন

বাবুই পাখির বাসা,

পাড়ার পর পাড়া চষে বেড়ালেও

মেটে না বাবুই দেখার আশা।

ছাদে বসা মনে আশা

সময় বয়ে যায় চলে,

দিনটি ভালো কাটবে তাই

জোড়া শালিক দেখবো বলে।

মাঠে ঘাটে খুঁজে ফিরি
জংলী শিয়াল কাঁটা,
ঔষধ তৈরিতে পড়লেও প্রয়োজন
যাবে না পাওয়া বিছুটি পাতা।

শৈশবের দিনে পেতাম দেখতে
গাছে ঝুলন্ত আতা,
রাস্তার পাশে এক ছোঁয়াতেই
চোখ বুঁজতো লজ্জাবতী লতা।

শহর থেকে হারিয়েছে গাছ
কুল, কামরাঙা,
পুকুর পাড়ে যায় না পাওয়া
পানকৌড়ি, মাছরাঙা।

গ্রাম শহরে, শহর নগরে
সভ্যতার বদল হোলো,
বদল এসে জীবন থেকে
কতো কিছু হারিয়ে গেলো।

৪) শহর থেকে দূরে

ইচ্ছে হয় যাই চলে যাই
শহর থেকে অনেক দূরে,
গ্রাম্য পরিবেশে সকাল সাঁঝে
শ্বাস নিই পুরো বুকটি ভরে।

দেখা মেলে আজও গ্রামে
গাছপালা আর ফুল ফলের,
গাছে গাছে পাখির কূজন
নেই কমতি খোলা মাঠের।

মানুষ গুলোও সহজ সরল
ব্যস্ততা হীন জীবন,
অলসভাবে তাদের সাথে
যায় কথা বলা মনের মতোন।

শহরের ব্যস্ততা

করে নি এখনও গ্রাস,

স্থান পায় নি মানুষের মনে

এখনও দূষণ জনিত ত্রাস।

শহর তো আজ পরিণত

কংক্রিটের জঙ্গলে,

সুযোগ সুবিধের আশায় আজ

বাড়ছে স্থায়ী বাসিন্দা দলে দলে।

কলকারখানা, শিল্প বেড়েছে

সময়ের আহ্বানে,

বেড়েছে দূষণ পাল্লা দিয়ে

পরিবেশ আর মানুষের মনে।

খাবারে ভেজাল, মানুষে ভেজাল

চিত্র এটাই শহর জুড়ে,

ইচ্ছে হয় যাই চলে যাই

শহর থেকে অনেক দূরে।

৫) ছবিও কথা বলে

ছবিও কথা বলে

মনে করিয়ে দেয় কতো কিছু,

হাতছানি দেয় অতীতের দিকে

ছবির ডাকে তাকাই ফিরে পিছু।

ছবি মনে করিয়ে দেয়

সবার শৈশব থেকে কৈশোর,

যৌবনের ফেলে আসা দিনগুলো

সময়ের সাথে সাথে যা হয়েছে ধূসর।

সুখের স্মৃতির সাথে সাথে

দুঃখের স্মৃতিও রাখে ধরে,

খুশী হবার সাথে সাথেই

ছবি দেখে বিষন্নতাও গ্রাস করে।

ছবি থাকে সাক্ষী হয়ে

নৃশংসতা আর বর্বরতার,

ছবি সাক্ষী হয়ে থাকে

মানবিকতা আর ভালোবাসার।

যে জন থাকে না আর জগতে

মালা পরে তার দেওয়ালে টাঙ্গানো ছবিতে,

ছবি ভুলতে দেয় না তার অস্তিত্ব

জাগিয়ে রাখে মনের পরতে পরতে।

৬) বয়স বাড়ে বাড়ুক না

বয়স বাড়ে বাড়ুক না

তাতে কিইবা এসে যায়,

মনের বয়স থাকুক বাঁধা

আগের মতো একই জায়গায়।

হৈ চৈ, হৈ হুল্লোড়, জমিয়ে আড্ডা

চলুক না সব একসাথে,

সাথী তাকেই বানিয়ে নাও

থাকবে সদা যে তোমার পাশে।

দেখবে না তাদের বয়স কত

দেখবে না তারা ছোট না বড়,

মনের মিল যদি ঘটে যায়

সাথী বলে তাদের জড়িয়ে ধর।

সবাই মিলে চল সিনেমা দেখতে

ফূর্তি কর রেস্তোরাঁতে,

বিয়ার নিয়ে বসে যাও

এক আধ দিন সপ্তাহান্তে।

সময় পেলে সবাই মিলে

বিকেলে যাও পার্কে ঘুরতে,

প্রাণ ভরে মজা কর, চাও যদি

আপত্তি নেই আড়চোখেও মেয়ে দেখতে।

বাঁচার জন্য বয়স লাগে না

বাঁচতে বয়স হয় না বাধা,

অর্ধমৃতের ন্যায় বেঁচে থাকা

সে বাঁচাকে বাঁচা বলে না।

জীবন সে তো একবারের ই

বাঁচার মত বাঁচতে হলে,

নিজেকে যুবক ভেবে চল

বয়সের কথা যাও ভুলে।

৭) শকুনের পরিবার

শালা আস্ত শকুন একটা!

গোটা পরিবারটাই শালা শকুন—

অপঘাতে মানুষের মৃত্যু কামনা করাই

ওদের কাজ।

আরে,ও পাড়ার ওই বাঁড়ুজ্জে বাড়ীর ছেলেটা—

বাপটা কি এক প্রাইভেট কোম্পানিতে

চাকরী করতো! রিটায়ার করেছে।

পেনশন তো নেই। সেই অবস্থায় ও

জীবনের সব সঞ্চয় দিয়ে, সম্পত্তি বিক্রি করে

ছেলেটাকে বিদেশে পাঠালো লেখাপড়া শিখতে।

ব্যাটা বিদেশ থেকে কি এক পি এইচ ডি নাকি

কি করে আসলো চাকরী বাকরী পায় না।

অভাবের সংসারে রোজ উনুনে আগুন

জ্বলে না। রোজ ভাতটাও জোটে না ঠিকমতো।

শেষে অনেকের সাথে কম্পিটিশন করে

একটা হসপিটালে অস্থায়ী ডোমের চাকরী পেয়ে

চাকরী করতে শুরু করলো। লাশকাটা ঘরে ডিউটী। এখন
শালা সকাল থেকেই মানুষের

অপঘাতে মৃত্যু কামনা করে। নাহলে কামাই নেই।

ব্যাটা যখন সারাদিন পরে বাড়ী ফেরে—

ওর বুড়ো বাপটা যে কিনা কয়দিন পরে

নিজেই লাশ হবে সেও জিজ্ঞেস করে—

আজ কয়টা লাশ এসেছিল রে বাবা?

মুখ শুকনো দেখলে বউটাও আড়ালে জিজ্ঞেস করে,
কি গো? আজ একটাও লাশ আসে নি?

শালা শকুনের পরিবার———

৮) পাগল প্রেমিক

আমি আকাশ হতে পারি

যদি তুমি চাঁদ হয়ে তার শোভা বাড়াও,

আমি সাগর হতে পারি

যদি তুমি নদী হয়ে তাতে মিশে যাও।

আমি নদী হতে পারি

যদি তুমি তার জলে তোমার চুল ভেজাও,

আমি পথ হতে পারি

যদি তুমি পথিক হয়ে হেঁটে বেড়াও।

আমি অশ্রু হতে পারি

যদি তুমি তোমার আঁখিতে স্থান দাও,

আমি অরণ্য হতে পারি

যদি তুমি বৃক্ষ হয়ে আমার বুকে দাঁড়াও।

আমি পাহাড় হতে পারি

যদি তুমি বরফ হয়ে আমার কোল ভরাও।

আমি ফুল হতে পারি

যদি তুমি পাপড়ি হয়ে দেখা দাও।

আমি আতর হতে পারি

যদি তুমি গায়ে মেখে তার সুবাস ছড়াও,

আমি কাজল হতে পারি

যদি তোমার চোখে লাগিয়ে আমার গৌরব বাড়াও।

আমি ভূমি হতে পারি

যদি তুমি বৃষ্টি হয়ে আমার শরীর ভেজাও,

আমি প্রেমিক হতে পারি

যদি তুমি প্রেমিকা হয়ে আমার বুকে মুখ লুকাও।

৯) জাতের মান

ভাবিনি কখনো আমি

চল্লিশ বছর পরে,

দেখা হবে তোমার সাথে

অচেনা কোন রাস্তার মোড়ে।

রাস্তার মোড়ে তুমি আমি

দুজনে দাঁড়িয়ে মুখোমুখি,

নিষ্পলক দৃষ্টিতে তোমার মধ্যে

আমি আমার সেই উনিশের প্রিয়া কে খুঁজি।

তুমি তখন দ্বিতীয় বর্ষের

ইংরেজি অনার্সের ছাত্রী,

লেখাপড়ার পর্ব সমাপ্ত করে

আমি তখন চাকরি প্রার্থী।

সেদিনের সেই দিনগুলি

চোখের সামনে ওঠে ভেসে,

প্রথম যেদিন আমায় দেখে

চোখ টিপলে মুচকি হেসে।

ঘন কালো রেশমী চুল

সাথে কালো হরিণ চোখ,

আমার শরীরে আগুন জ্বালতো

তোমার পাতলা দুখানি ঠোঁট।

দুধে আলতা রং ছিল

হাসলে পড়তো গালে টোল,

কেমনে ভুলি তোমার সেদিনের

উদ্ধত যৌবনা বক্ষ যুগল!

কোকিলের মতো সুরেলা কণ্ঠে

ডাকতে আমায় হুতুম বলে,

আদর করে নিতে টেনে

মাথাটা আমার নিজের কোলে।

পার করেছি তুমি আমি

আট টি বসন্ত একসাথে,

জোছনা মেখেছে এই শরীর দুটি

এক হয়ে কতো আমাদের ছাতে!

তবু পারি নি আমরা এক হতে

চিরদিনের তরে,

তোমার জন্ম উঁচু জাতে

আমার যে নীচু ঘরে!

আজ তুমি আর সেই তুমি নেই

আমার চুল ও হয়েছে সাদা,

তবু মনের মিল আজ ও আছে

রয়ে গেলাম জীবনে দুজনেই একা।

আজ তুমি আমি মুখোমুখি

তবু মধ্যে কতোটা ব্যবধান!

ভালোবাসা মেনেছে হার

রেখেছে উঁচু জাতের মান।

১০) মেমসাহেব

যদি আমিও পেতাম একজন

প্রেমিকা জীবনে এমন,

ডাকতে আমি পারতাম যাকে

মেমসাহেব বলে যখন তখন।

সুন্দরী সে হতো না ততো

যেন ডানাকাটা পরী,

তবে দেখতে তাকে লাগতো সুন্দর

যখনই পরতো যে কোন শাড়ি।

চুলটা হতো কালো কোঁচকানো

অর্ধেক তার ছাঁটা,

দেখে মনে হতো একদম যেন

মুনমুন স্টাইলে কাটা।

ছিমছাম থাকাই বেশী পছন্দ

মেক আপের ধারতো না ধার,

সাজগোজ আর কসমেটিক

স্থান পেত না জীবনে তার।

জীবনে তার জগৎ বলতে

শুধু আমি আর আমি,

হতো না তার কাছে অন্য কিছু

আমার চাইতে দামী।

ক্ষমতা কারো হতো না কখনও

তার মনটাকে কাছে টানার,

সে কখনোই পারতো না যেতে

ভালোবাসাকে এড়িয়ে আমার।

জীবনে তার লক্ষ্য একটাই

শুধু আমার উন্নতি,

প্রখর নজর থাকতো তার

যেন আমার না হয় ক্ষতি।

নিমাই ভট্টাচার্য পেয়েছিলেন খুঁজে

তাঁর প্রিয় মেমসাহেব কে,

যদি আমিও পেতাম এমন একজন

হতো আমার মেমসাহেব যে।

১১) জামাইয়ের বিড়ম্বনা

কি গো ঘুম কি আজ ভাঙ্গবে না আর

শেষ ঘুম তুমি ঘুমালে নাকি?

বাজখাঁই গলায় চেঁচিয়ে উঠলো

আমার গিন্নী খেঁকি।

বলেছিলাম না সকাল সকাল

বাজার যাবে আজ?

কতদিন পর আসছে আজকে

আমার বাপী,মাম্মি আর ভাই রাজ।

ধাক্কা দিয়ে তুলে বলে
এখনই যাও বাজারে,
ব্রাশ করা, চা খাওয়া সব
হবে বাজার থেকে আসার পরে।

পচা মুখ আর পেট ভুটভাট
সাথে শব্দযোগে বায়ু নিঃসরণ,
উপায় নেই এসব নিয়েই
করতে হবে বাজারে গমন।

গিন্নী ধরালো লিষ্ট একখান
লম্বায় মাইল খানেক হবে,
বুঝলাম আমি গোটা বাজারই
আজ আমার বাড়ী ঢুকবে।

বাজার আনবো কিসে!
খুঁজতে লাগলাম বড় বস্তা,
বাজার আনতে আমাকেই আজ
সাজতে হবে কুলি অগত্যা।

বাজার নিয়ে এসে সবে
বসেছি মিনিট পাঁচ,
তার মধ্যেই ওনার সুরেলা গলায়
বাড়ী কাঁপিয়ে ছাড়লেন হাঁক।

বলেছিলাম না তোমায় আমি
ইলিশ আর চিংড়ি আনতে?
আমার বাপী খান না রুই পাবদা
সে তো তুমি ভালোই জানতে।

মিনমিন গলায় বলি আমি
ইলিশ আর চিংড়ির বড়ই দাম,
বলে আমার বাপী খাবে তাও
তুমি দাম দেখছো বুড়ো ভাম?

দুউউউ হপ্তা পর এবার
বাপী আসছে তাই,
যেমন করেই পার তুমি
আমার ইলিশ আর চিংড়িই চাই।

হুকুম পেয়ে ছুটলাম আমি

হাঁপাতে হাঁপাতে বাজারে,

মনে মনে বলি বুড়ো মরবে যেদিন

বাঁচবো আমি হাঁফ ছেড়ে।

১২) ছলনাময়ী

তুমি তো আমারই ছিলে

আজ কেন পর হলে?

কোনোদিন ছেড়ে যাবে না হাত

তুমিই তো কথা দিয়েছিলে।

পারি নাই তো আমি তোমায়

এতটুকু ভুলে থাকতে,

পারলে তুমি কেমন করে

আমায় ছেড়ে অন্য হাত ধরতে?

এতো সহজেই ভুলে গেলে তুমি

আমাদের সেই সুন্দর দিনগুলি!

সন্ধ্যেবেলায় হাত ধরাধরি করে

যখন ঘুরতাম আমরা এ গলি থেকে ঐ গলি।

পার্কে বসে ঘনিষ্ঠ ভাবে

কাটিয়েছি কত সন্ধ্যা!

মুগ্ধ হতাম তোমার সুবাসে

যেন রাতের রজনীগন্ধা।

তুমিই হবে আমার জীবন সঙ্গিনী

এই তো ছিল মোর কামনা,

বুঝিনি আগে তোমার মনে

ছিল অন্য কোনো বাসনা।

সুন্দর তুমি হয়েছো অনেক

আজকে আগের চাইতে,

প্রেমিক তোমার জুটেছে অনেক

সবাই চায় তোমায় ভালোবাসতে।

সেই অহঙ্কারেই এই মধুর সম্পর্ক

এক লহমায় ভুলে গেলে,

তোমার ছলনায় ভুলিয়ে রেখে

নিমেষে আমায় ছুঁড়ে ফেললে।

তবু আমি মনে মনে চাই

ভালো থেকো তুমি সারা জীবন,

সুখে থেকো, খুশীতে থেকো

তারই সাথে যাকে আজ করেছো আপন।

১৩) পরিবর্তন

সময় কেটেছে নিজের তালে

নদীর স্রোত যেমন চলে,

ঘটেছে কতো পরিবর্তন

সময়ের সাথে সব গেছে বদলে।

চোখের সামনে ছোট্ট গাঁ টি

ছিল কেমন অগোছালো,

ধীরে ধীরে সময়ের সাথে

শহরে তার রূপান্তর হোলো।

শহর উঠলো সেজে গুজে

সুন্দর একখান ছিমছাম শহর,

সময়ের সাথে শহর ভাবে

মানুষের হাতেই আমি হব নগর।

নগর হতে গিয়ে শহর

হারালো তার সৌন্দর্য,

দূষিত বায়ু, ঘিঞ্জি পরিবেশ

রাস্তায় শুধু খালখন্দ।

ছিল যারা শহরবাসী

ব্যাথায় কাঁদে তাদের মন,

তাদের শহর এভাবে যাবে বদলে

ভাবতেই পারে নি তারা এমন।

বাধ্য হয়েছে সবই তারা

মাথা পেতে মেনে নিতে,

ঘটে চলেছে কতো পরিবর্তন

এভাবে সময়ের সাথে সাথে।

১৪) অনন্য স্বাধীনতা

স্বাধীনতা পেয়েছে দেশ

আজ আমি স্বাধীন, তুমি স্বাধীন

নেই কেউ পরাধীন।

মত প্রকাশের স্বাধীনতা হীন,

ইচ্ছে মতো বলার অধিকার হীন,

তবু তুমি স্বাধীন আমি স্বাধীন!

নিজের ইচ্ছেয় খাবার খাব

বাড়ীতে পছন্দের খাবার রাখবো,

সেই অধিকার হয়েছে লীন

তুমি স্বাধীন আমি স্বাধীন!

করতে পারি স্বাধীনভাবে ফোনালাপ

যদিও তা রাষ্ট্রের নজরাধীন,

অভিধান এখন "ব্যক্তিগত" শব্দ হীন।

তবু তুমি স্বাধীন আমি স্বাধীন!

অধিকার নেই ভালোবাসার,

হারিয়েছি অধিকার প্রেমিকার সাথে

নিভৃতে বসে সময় কাটাবার,

ভালোবাসার দিন করবে উদযাপন

হেনস্থায় থাকবে ব্যবস্থা প্রহরার।

তবু আজ তুমি স্বাধীন আমি স্বাধীন!

ধর্মাচরণের স্বাধীনতা----

সে তো আজ শুধু মুখের কথা,

বিধর্মী যদি হও তবে

রাস্তায় চলবে নামিয়ে মাথা।

আমার ভগবান ই তোমার ভগবান

মানতে হবে এই কথা।

তুমি স্বাধীন আমি স্বাধীন!

চুয়াত্তর বছর হয়েছে পার

জাতপাত প্রথার চল তবু অপার,

তুমি স্বাধীন আমি স্বাধীন!

খাদ্য, বস্ত্র, বাসস্থানের

জোটেনি এখনও অধিকার,

ফুটপাত ই কারও হয়েছে ঘর, কারো

চারশো ঘরের প্রাসাদ বৃহদাকার।

আজ আমি স্বাধীন তুমিও স্বাধীন!

চুয়াত্তর বছর পরেও

সংরক্ষণের প্রয়োজন হয় নি শেষ,

আর্থিক ক্ষমতা হয় না বিচার্য,

জাত ই সংরক্ষণের মাপকাঠি শেষ।

উচ্চ শিক্ষার মানদণ্ডেও

মেধা আমল পায় না বিশেষ।

তবু তুমি আমি সবাই স্বাধীন!

স্কুল, কলেজ, বিশ্ববিদ্যালয়ের পাঠ শেষে

উচ্চ শিক্ষা ও করছে পার,

তবু কাজ নেই আছে হাহাকার।

তাও————

তুমি স্বাধীন আমি স্বাধীন!

১৫) আওয়াজ তোল

আর কতকাল কাটাবি ঘুমে

কতদিন আর থাকবি চুপ?

ভবিষ্যত যে তোদের হচ্ছে চুরি

তবুও তোদের মুখে কুলুপ!

স্বপ্ন যা কিছু দেখেছিস তোরা

সে সব হয়েছে পুড়ে ছারখার,

ওরে, তবুও তোরা নিশ্চুপ হয়ে

মেনে নিচ্ছিস এতো অনাচার!

ওরে সবুজ ওরে কাঁচা

তোরাই তো দেশের ভবিষ্যৎ,

তোদের জীবন শেষ করে দেয়

তবুও তোদের জমে না ক্রোধ?

তোদের মেধা হয়েছে আজ

পরাজিত টাকার কাছে,

প্রতিশ্রুতির বহর ছাড়া

কিই বা তোদের পাওয়ার আছে?

মেধার মূল্য দেয় না যারা

তোদের ভবিষ্যৎ বেচে টাকার কাছে,

চিহ্নিত করে ছুঁড়ে ফেল তাদের

সংগোপনে যারা যেথায় আছে।

দলবদ্ধ ভাবে সবাই আজ

সমস্বরে আওয়াজ তোল,

এই অনাচার মানছি না

এই ব্যবস্থার চাই বদল।

দিকে দিকে আওয়াজ তোল

চাই না কোনো দয়ার দান,

চাই আমরা সঙ্গে নিয়ে

চলতে আমাদের মান সম্মান।

হাতে হাত রেখে সবাই মিলে

কোণায় কোণায় আওয়াজ তোল,

বদলে দেব পাল্টে দেব

ঘুণ ধরা সমাজের বদলাবো ভোল।

ওরে সবুজ ওরে কাঁচা

আওয়াজ তোল আওয়াজ তোল।

১৬) বুড়ো

অভিন্ন হৃদয় বন্ধু আমার

বলে বয়স হচ্ছে ভাই,

বন্ধু বান্ধব, গল্প, আড্ডা

ছেড়ে দিচ্ছি তাই।

অবাক বিস্ময়ে চেয়ে আমি

শুধাই তাকে সেকি?

ষাট বছর ই হোলো না এখনও

বলছিস তুই একি?

এখনও তো পড়ে আছে দিন

এসব ভাবনা ভাবার,

তোর মাথায় এতো তাড়াতাড়ি

এসব কেন ঢুকলো আবার?

বলে মেয়ে হয়েছে বিবাহযোগ্যা

জামাই আসবে ঘরে,

বুড়ো শ্বশুর মারছে রকে আড্ডা

দেখে জামাই কি মনে করে?

বারবার বলি একই কথা

আরে এখনও হসনি তুই বুড়ো,

বলে পাড়ার ছেলেরা তাহলে কেন

ডাকে আমায় খুড়ো?

হাসতে হাসতে শুধাই আমি

এটাই কি তাহলে কারণ?

বলে বুড়ো যদি না হই তবে

এতো কিছু খাওয়া কেন বারণ?

বলে ইউরিক অ্যাসিডের ব্যাথায়

আমার প্রাণ ওষ্ঠাগত,

ডাক্তার বলে ছোঁয়া যাবে না

প্রোটিন ফুড আছে যত।

কোলেস্টেরল ও দিন কে দিন

বেড়েই চলেছে লাগামছাড়া,

খাবার দাবার খেতে হবে

একদম তেল মশলা ছাড়া।

ব্লাড প্রেসার তো সব সময়েই

ওপরের দিকেই থাকে,

সামনে থাকলেও মাটন, ডিম

নজর দেওয়া যাবে না সেদিকে।

একবার তো হলাম কাতর

বুকের বাম দিকের ব্যাথায়,

বাটার, ঘি তারপর থেকেই

স্থান পায় না খাবার পাতায়।

অজকাল তো ব্লাড সুগার ও

কয় না কথা ছেড়ে,

লুকিয়ে একটু মিষ্টি খাব

উপায় নেই, গিন্নী আসে তেড়ে।

লুচি, পরোটা ভাজতে দেখি

বাড়ীতে মাঝে মাঝেই,

আমার সেগুলো কপালে জোটে না

বুড়ো বলছি নিজেকে সাধেই?

খাবার টেবিলে সাজিয়ে দেয়

সেদ্ধ শাক সবজির ঝোলের বাটি,

ক্বচিৎ কদাচিৎ গাজর আর

পেঁপে দিয়ে মুরগির স্যুপ খাঁটি।

বৃন্দাবনি পাতা, করলার রস

কি সব আমাকে দেয়,

বুড়ো যদি না হই আমি

জোয়ান বয়সে কেউ এসব খায়?

বুঝলাম আমি বন্ধুর আমার
মাথাটা গেছে ঘেঁটে,
হাল ছেড়ে আমি রওনা দিলাম
বাড়ীর দিকে হেঁটে।

১৭) বন্ধুত্ব দিবস

আজকাল তো প্রকৃত বন্ধু
খুঁজে পাওয়াই ভার,
অনেককেই বন্ধু ভেবেছি কিন্তু
তারা বন্ধু হয় নি আমার।

প্রকৃত বন্ধু তো তারাই হয়
যারা ছাড়ে না কখনো হাত,
শত অসুবিধা থাকা সত্ত্বেও
তারা সারাজীবন দেবে সাথ।

এরকম বন্ধু জীবনে যে পায়

সে তো চরম সৌভাগ্যবান,

আমার জীবনে পেয়েছি এরকম

নেব আজ তাদের নাম।

একাদশ শ্রেণীতে পড়ি আমি যখন

এরকম একজন বন্ধু পেলাম,

আজ পর্যন্ত ছাড়ে নি হাত

ইউরিক অ্যাসিড তার নাম।

তার পরেতে আরও একজন

বন্ধু হয়ে বুকে বাড়ালো বল,

সেও সারাজীবন ছাড়বে না হাত

তার নামটি হোলো কোলেষ্টেরোল।

আরও একজন খুব ভালো বন্ধু

এসেছে জীবনে আমার,

তাকেও বুঝেছি আমৃত্যু দেবে সাথ

সে হোলো হাই ব্লাড প্রেশার।

এরকম সব বন্ধুদের পেয়ে

আমি পরম ভাগ্যবান,

বন্ধুত্ব দিবসে আমার এসব বন্ধুদের

জানাই আমার সশ্রদ্ধ প্রণাম।

১৮) নিশ্ছিদ্র পাহারাদার

রাষ্ট্রকে হতে হবে

নিশ্ছিদ্র পাহারাদার,

রাষ্ট্রও করে যাচ্ছে

সৎ ভাবে সেই কাজ তার।

রাষ্ট্রের নাগরিকরা

কি করে ফোনালাপ,

রাষ্ট্রের নিরাপত্তায়

সবই তা নজরে থাক।

নাগরিকরা যদি করে

ফোনের মধ্যে প্রেমালাপ,

রাষ্ট্রের স্বার্থে তাও কখনো

রাষ্ট্রের নজর এড়িয়ে না যাক।

রাষ্ট্র থেকে পারে না থাকতে

কারো কোনো নিজস্ব পরিসর,

নিরাপত্তার স্বার্থে এ বিষয়ে

সবার উপরেই থাকবে নজর।

গণতন্ত্রের উপরে আঘাত বলে

যতোই করো না চীৎকার,

যতোই ফাটাও না গলা তোমার

হরণ হচ্ছে মৌলিক অধিকার।

আগে প্রাধান্য সদাই শাসকের

পরে নাগরিকদের অধিকার,

শাসকের হাতে রয়েছে ক্ষমতা

খুশী মতো প্রয়োগ করবে তার।

আসল কথাটা বুঝেছে সবাই---

ব্যক্তিগত পরিসরে উঁকি মারে যাহারা,

মেকি গণতন্ত্র প্রেমী তারা

জনতাকে পেয়ে ভয় দিচ্ছে তাদের পাহারা।

১৯) হীরক রাজার গল্প

সমালোচনা সয় নি কখনও

সবার পরিচিত হীরক রাজ,

প্রতিবাদ একটু দেখলে পরেই

পরিয়েছে তাকে বন্দীর সাজ।

চেয়েছে তার সভাসদরা

তারই সুরে গলা মেলাক,

সভার মাঝে কেউ না যেন

একটু হলেও বেসুরো গাক।

নিজের হাতে মন্ত্রীদের গলায়

পড়ায় সে হীরের মালা,

হীরের খনিতে তার আয় নিয়ে

সাহস হয় না কারো চড়াতে গলা।

রাজার ছিল এক যাদুকর যে

বানায় মগজ ধোলাই এর যন্ত্র,

সেই যন্ত্রের মগজ ধোলাই এ

প্রজারা আওড়াতো শেখানো মন্ত্র।

রাজা চাইতো চতুর্দিকে

ছড়িয়ে পড়ুক তার নাম,

শ্রমিক মজুরি কম পেয়েও

মানুক তাকেই ভগবান।

শিক্ষা ব্যবস্থা কে তুলতে শিকেয়

পাঠশালা করেছে বন্ধ,

শেখানোর দায়িত্ব নিলে পড়েই

হয়েছে তার সাথে দ্বন্দ।

মন্ত্র ছিল তার এটাই

অশিক্ষিত সবে রাখতে হবে,

শিক্ষা পেয়ে যত জানবে

রাজারে তত কম মানবে।

চাকরি বাকরির কোনো ব্যবস্থাই

রাখে নি তার রাজত্বে,

প্রজারা যেন বাঁধা পরে সব

রোজগারের স্বাদ না পেয়ে তারই দাসত্বে।

হীরক রাজের শেষ পরিণতি

সবার মনে তাজা,

প্রজারা মেরেছে দড়িতে টান

খানখান হয়েছে রাজা।

২০) রেখো না কিছু কাছে

ফিরিয়ে দিলে আমার লেখা সব চিঠিগুলো

এতদিন যেগুলো সযত্নে রেখেছিলে কাছে,

আজ বিয়ে করে আনা তোমার নতুন বৌটি

কোনোভাবে দেখে ফেলে সেগুলো পাছে!

চিঠি ছাড়া রেখে এসেছি আর যা কিছু

দিও তবে সেগুলো কেও একে একে ফিরিয়ে,

যে আস্বাদ পেয়েছিলে প্রথম দিন আমার

ওষ্ঠ জোড়াকে তোমার ওষ্ঠের স্পর্শে ভিজিয়ে।

যে একশো কুড়িটা জ্যোৎস্না রাত

কাটিয়েছো নিশ্চিন্তে আমার কোলে রেখে মাথা,

বুলিয়েছি তোমার মাথায় চুলে হাত

ভুলেছো প্রথম প্রেমিকার ছেড়ে যাওয়ার ব্যথা।

পার্কে বসে জড়াজড়ি করে

অনাবিল আনন্দে বৃষ্টিতে ভেজা,

ভেজা কাপড় তোমার ঘরেই শুকোতে দিয়ে

চাদরে লেপ্টে তোমার বিছানায় সোজা।

তোমার ঘরের দরজা করলে

চিরদিনের তরে আমার জন্য বন্ধ,

ফিরিয়ে দিও তোমার ঘর জুড়ে,বিছানা জুড়ে

ছড়িয়ে রয়েছে যত আমার শরীরের গন্ধ।

ফেরত দিয়েছো শুধু আমার লেখা চিঠিগুলো

যা যত্ন করে রেখেছিলে গুছিয়ে দেরাজে ভরে,

ফিরিয়ে দিও ভালোবাসার যত চিহ্ন আমি

এঁকেছি এই পাঁচ বছরে তোমার সারা শরীর জুড়ে।

ফিরিয়ে দিও ফিরিয়ে দিও

আমার যা কিছু এখনও তোমার কাছে আছে,

সব কিছুই একই ভাবে আমায় তুমি

ফিরিয়ে দিও রেখো না কিছুই কাছে।

২১) মাতৃভক্তি

ক্যালেন্ডারের দেবী মায়ের ছবি

বাঁধিয়ে তাতে পরানো মালা,

জন্মদাত্রী মা অভাগী

তাঁর জোটে না ঘরে ভাতের থালা।

অধিকার সূত্রে পাওয়া বাড়ি

দেয় যে তুলে ছেলের হাতে,

ছেলে একবার পাতলে সংসার

ঠাঁই পায় না মা সেই বাড়িতে।

রাস্তায় ঘুরে ভিক্ষে করে মা

কারো ঠাঁই হয় মেয়ের বাড়িতে,

পাড়া পড়শী কি বলছে বলুক

ছেলে বৌমার কান নেই তাতে।

সেই মায়ের ই মৃত্যুর পরে

ছেলে বৌমা কেঁদে ভাসায়,

শেষকৃত্যে রাখে না ত্রুটি

এলাহি ব্যবস্থায় লোককে খাওয়ায়।

নিমন্ত্রিত অতিথিরা সব

খেয়ে প্রশংসায় পঞ্চমুখ,

বলে মায়ের ঋণ করেছে শোধ

ছেলে পাবে জীবনে চরম সুখ।

২২) সময় হবার আগেই

সাঁঝ হতে ছিল তো বাকি অনেক

তবু তুমি গেলে লুকিয়ে,

মেঘমুক্ত ঝকঝকে আকাশ তবু

আমার সূর্য কোথায় গেলে হারিয়ে।

ভোর হতে ছিল এখনও অনেক দেরী

তবু তুমি দিলে আলো নিভিয়ে,

আকাশে ছিল না তো এতটুকু কালো মেঘ

তবু আমার চন্দ্রমা তুমি নিজেকে নিলে গুটিয়ে।

জ্বলজ্বল করছে আকাশে তারার মেলা

খুঁজে ফিরি তোমাকে চোখ ঘুরিয়ে ফিরিয়ে,

সময় হয় নি তো এখনও তোমার যাবার

তবু আমার সন্ধ্যাতারা তুমি কোথায় গেলে মিলিয়ে।

এখনও শীত আসতে অনেক দেরী

গাছ ভর্তি সবুজ পাতা দেখছি চোখ মেলে,

তবুও সময়ের অনেক আগে অসময়ে ঝ'রে

মিশে গেলে তুমি ঝরা পাতার দলে।

সময়ের আগে আচমকাই এভাবে

মনে ব্যথা দিয়ে তুমি অসময়ে হারিয়ে গেলে।

২৩) যদি জানতেম

যদি জানতেম

তুমি কখনোই ধরা দেবার নয়,

তাহলে কখনোই

তোমার পিছে পড়তাম না বোধহয়।

যদি জানতেম

তুমি আসলে হলে মরীচিকা,

তাহলে কখনোই

করতাম না শুরু মনের মধ্যে তোমার ছবি আঁকা।

যদি জানতেম

তোমার ওই মন ভোলানো হাসি মানে মৃত্যুর হাতছানি,

তাহলে কখনোই

তোমার ওই হাসি দেখে সব ভুলতাম না আমি।

যদি জানতেম

তোমার সান্নিধ্য পাওয়া মানে আমার শেষের শুরু,

তাহলে কখনোই

জীবনটাকে এভাবে দিতাম না হতে মরু।

যদি জানতেম———

২৪) ইচ্ছে

ইচ্ছে গুলোকে সব দিলাম ছেড়ে

যা তোরা যা আকাশে উড়ে

তোদের আর রাখবো না ধরে।

এ জন্মে তো তোরা পূরণ হবার নয়

কি আর হবে আমার কাছে থেকে তাই

আমি রয়ে যাব তোদের ছাড়া একাই।

ছাড়া পেয়ে ইচ্ছে গুলো সব

নীল আকাশে কেমন মেলেছে ডানা

এখন আর ওদের উড়তে নেইকো কোনো মানা।

২৫) হয়েছি আমি বুড়ো

মন মানুক আর না মানুক

হয়েছি আমি বুড়ো,

যতোই সাজগোজ করি না কেন

লাগে না আমাকে মোটেই হীরো।

প্রেম করার সাধ নিয়ে

তাকাই যদি কোনো সুন্দরীর দিকে,

খিলখিল করে হেসে বলে বুড়ো

চুল তো গেছে সবই পেকে।

তবু এই বয়সে প্রেমের সাধ

কেমনে জাগে মনে?

যা বুড়ো যা ধ্যানে বস

একলা কোনো বনে।

তাকিয়ে দেখ বুড়ো একবার

বয়সের ফারাক তোর আর আমার ,

তেরো চোদ্দ তো হবেই হবে

তোর কাছে কি থাকবে পাবার?

যাও খুড়ো যাও ত্যাগ কর

প্রেম করার সাধ,

সকাল সন্ধ্যেয় পূজা আচ্ছা

এখন এসবই মনে স্থান পাক।

দুঃখ করে মনকে বোঝাই

প্রেমিক নয় আমি সবার খুড়ো,

মনে ব্যাথা পেলেও মানছি তাই

সত্যিই বুঝি হয়েছি বুড়ো।

২৬) স্বপ্ন

আর কতো স্বপ্ন পোড়াবো?

সবই তো প্রায় পুড়ে ছাই

ঘি মাখানো স্নান করানো ছাড়াই।

যে কয়টি এখনও আছে বেঁচে

নিয়ে চলেছে শ্বাস প্রশ্বাস

সেগুলোও বোধহয় যাবে কবরে বা চিতায়।

যদি কিছু বেঁচে থাকে তবু

কিন্তু পূরণ না হয় কভু

সেগুলো দিয়েই শেষবেলায় পুড়িও আমায়।

২৭) বুড়ো যুবক

কলম গেছে থেমে

আমার শত চেষ্টাতেও তার নিবে

আর অক্ষর আসে না নেমে।

শুধাই তারে থামলি কেন

জবাবে বলে জীবনে চলার পথে

কখনো থামতেও হয় জেনো।

বয়স তো হোলো তোমার সত্তর আজ

এখনও রাস্তাঘাটে চলার ফাঁকে

আড়চোখে দেখ সুন্দরী যুবতীর শরীরের খাঁজ।

তোমার এই বয়সেও বাসা বাঁধে

প্রেম করার সাধ মনে

রাত্রি হলেই নারী তৃষ্ণায় মন ডুকরে কাঁদে।

আর তো তুমি নও গো যুবক

হয়েছো তুমি বুড়ো

মানতেই হবে এটা তোমায় যতোই কষ্ট হোক।

সুগার বেড়েছে তোমার বছর পনেরো

তবু মিষ্টি ছাড়ার নেই কো নাম

খাবার পাতে চাই এখনও রোজ গোটা দশ বারো।

খাসীর মাংসে জীভে জল

হুঁশ থাকে না দেখলে পরে

রক্তে বেড়েছে কোলেষ্টরল।

ডিম দেখলে চোখ বড়ো

গিন্নী যদি না দেয় তবে

প্রাণ ভরে তারে কুকথা শুনিয়ে গালমন্দ করো।

রাতের বেলায় পা দুখানি করে টলমল

রোজই চড়াও দু চার পেগ

যাও তুমি ভুলে শরীরে তোমার নেই আর সেই বল।

ওগো আমার বুড়ো যুবক

থামো এবার থামো

কামনা করি এটাই তোমার শুভ বুদ্ধির উদয় হোক।

২৮) সেকাল আর একাল

খিদে পেলে ছোটোবেলায়

খেতাম খই, মুড়কি, চিড়া,

না হলে হয়তো সকাল সন্ধ্যে

মুড়ির সাথে ক্ষীরা।

ছিল না তখন ম্যাগী, চাউমিন

কিংবা ইডলি, ধোসা,

দুধের সাথে খই বা মুড়ি

নয়তো খেতাম পেঁয়াজ, মুড়ি আর শষা।

আজকালকার বাচ্চারা সব

খায় পিৎজা, বার্গার,

নাড়ু আর মোয়া ছিল

আমাদের খুব প্রিয় খাবার।

সেই সময়ে ছিল না তো

নান, পনিরের কোনোই কারবার,

পেঁয়াজ আর লঙ্কা সহ, ছিল

পান্তাভাতের বিরাট বাজার।

মুড়ি মুড়কি বা চিড়া মুড়কি

চেনে না আজকালকার ছেলেমেয়ে,

তারা শুধুই ব্যস্ত থাকে

রোল, মোমো আর পাস্তা নিয়ে।

বাড়ীতে তখন থাকতো মজুত

বালিতে ভাজা চিড়ে,

ছিল বড়ই উপাদেয়

নুন, তেল দিয়ে লঙ্কা চিরে।

আমাদের শৈশবে ছিল না তো

ফিশ ফ্রাই বা পকোড়া,

বাড়ীতে অতিথি এলে জুটতো

গরম গরম সিঙ্গাড়া।

ছোটোবেলায় নাম ই শুনিনি

স্যান্ডউইচ বা কাস্টার্ড,

বরাতজোরে পেতাম কখনও

সেঁকা পাঁউরুটি মাখিয়ে বাটার।

গুড় আর ছাতু মেখে দিলে

করে দিতাম নিমেষে সাবাড়,

পাই নি জলখাবারে আজকের মতো

তৈরী করা বিভিন্ন খাবার।

২৯) আমার দিন তুমি বিহীন

তুমি যে আমাকে কথা দিয়েছিলে

আছে সেগুলো আমার সমস্ত হৃদয় জুড়ে,

প্রেমপত্র যেগুলো লিখেছিলে আমায়

রেখেছি সবই ফাইল বন্দী করে।

উপহার যা তোমার কাছে পাওয়া

শো কেসে আছে সুন্দর করে সব গুছিয়ে রাখা,

চাঁদনী রাত যে কটি দিয়েছো আমায়

মনের ক্যানভাসে আছে সুন্দর করে আঁকা।

ছবি যেগুলো তুলেছো তুমি

ঘনিষ্ঠ ভাবে আমার সাথে,

সবই আমি রেখেছি সাজিয়ে

এ্যালবামের সুদৃশ্য পাতাতে।

ভালোবাসা যা তুমি দিয়েছো আমায়

নিজেকে উজাড় করে,

আস্বাদ গ্রহণ করেছি আমি তার

আমার সমস্ত হৃদয় মন ভ'রে।

নিরালায় বসে নিবিড়ভাবে

দিয়েছো আমায় যে কটি দিন,

তাকে পুঁজি করেই কাটছে আমার

দিনগুলি সব তুমি হীন।

৩০) এই তো জীবন

আমার বেড়েছে বয়স হয়েছি বুড়ো

আমি নই তা মানার পাত্র,

নিজেকে যুবক ভেবেই চলি

বয়স তো একটা সংখ্যা মাত্র।

জীবনকে তো আর পাবো না ফিরে
একবার ম'রে গেলে,
জীবনকে উপভোগ করি চুটিয়ে
ওসব বয়স ট্য়স ভুলে।

সুগার কোলেষ্টরল বাড়ছে বাড়ুক
এধটু আধটু সবই খাব,
একবার যদি মরে যাই তবে
এসব সুস্বাদু খাবার কোথায় পাবো!

খাসীর মাংস ডিমের কষা
আহা যায় কি থাকা সেসব ভুলে?
জীবন একবার ছাড়লে হাত
জুটবে না এসব এই কপালে।

মুখে দিলেই গলে যাওয়া
খাসীর চর্বির তুলতুলে বড়া,
প্লেটে দিলে নিমেষেই সাবাড়
পাঁচ কিংবা ছয় জোড়া।

গলদা চিংড়ির মালাইকারী

কিংবা ভাপা ইলিশ,

খাবার পাতে দু চার পিস

নিমেষেই হয় ফিনিস।

ফুলকো লুচি সাথে আলুর দম

আর নলেন গুড়ের সন্দেশ,

চোখের পলক পড়ার আগেই

পনেরোটা লুচি হবে শেষ।

সপ্তাহান্তে এক আধ দিন

রেষ্টুরেন্টের খাওয়া চাই,

আরশালানের বিরিয়ানি

সাথে খান দুই তিন ফিস ফ্রাই।

আমার বড় প্রিয় ওই

বলরাম মল্লিকের মিষ্টি,

শুরু করলে একবার খাওয়া

পারি না কিছুতেই ঘোরাতে দৃষ্টি।

বন্ধু বান্ধব ফূর্তি আড্ডা

এই সবের নেই কোনো শেষ,

মাঝে মাঝেই সন্ধ্যেবেলায়

হুইস্কির সাথে জমে ওঠে বেশ।

সেখানেও সব আমার মতোই

যুবকদের সমাগম,

এ পাড়ার ও পাড়ার সুন্দরীদের গল্পে

আড্ডা হয় আমাদের সরগরম।

বুড়ো বল আর যুবক বল

সুযোগ পেলেই কোরবো প্রেম,

যতোই লোকে চেঁচিয়ে বলুক

আমাকে দেখে শেম শেম।

সকাল সাঁঝে প্রাণায়াম আর হাঁটা

এসব ও চলে সমান তালে,

যতোই বল না হয়েছি বুড়ো

আমি চলবো আমার আপন খেয়ালে।

৩১) এ ব্যথা কি যে ব্যথা

চলে গেলে তুমি ঠিক আছে

আমাকেও নিতে সাথে,

একই সাথে যেতাম দুজনে

হাতের ওপর হাত রেখে।

ছেড়ে গেলে আমাকে একলা

নিঃসঙ্গ জীবনে,

তোমাকে ছেড়ে রইবো একলা

এ ভাবনা কখনোই আসে নি মনে।

তুমিই তো আমায় দিয়েছিলে কথা

চির জীবন দেবে সাথ,

কখনোই তুমি ছেড়ে যাবে না

আমার দুখানি হাত।

ভুলি কি করে আমি বল

তোমার ভালোবাসা,

তোমার প্রয়াণে হারিয়ে গেছে

আমার মুখের ভাষা।

বসে বসে আমি ভেবেই চলেছি

কেমনে রহিব তুমি হীন,

কেমন করে কাটবে এখন

তোমাকে ছাড়া আমার দিন।

গেলেই যখন নিয়ে যেতে সাথে

আমার সব স্মৃতিগুলো,

তোমার সাথেই ছাই হোতো ওরা

বুকেতে জমে আছে যেগুলো।

৩২) উলঙ্গ শাসক

বারে বারে প্রমাণিত

প্রশাসনের নেই কোনো লাজ,

এই নির্লজ্জদের বিরুদ্ধে জানাতে প্রতিবাদ

রাত দখলে মাও হয়েছেন সামিল আজ।

তবুও কি খুলবে শাসকের চোখ

বিবেক হবে কি জাগ্রত?

লুম্পেনদের তান্ডব রাত দখলে

প্রাণ নিয়ে ছোটে আন্দোলনরত।

ভবিষৎ সুরক্ষার এই লড়াইয়ে

শিশুর কন্ঠও হয়েছে দীপ্ত,

শাসকের নেই চোখের পর্দা

সে উদাসীন সে নির্লিপ্ত।

উলঙ্গ শাসক নির্দ্বিধায়

উলঙ্গ হয়েই বেড়ায় ঘুরে,

গায়ের চামড়া এতোই মোটা

ঢোকে না কিছুই অন্দরে।

এই বিবেকহীন শাসক তোমায়

জানাই শুধু ধিক্ ধিক্ ধিক্,

অপসারণের দাবীতে এই শাসকের

কেঁপে উঠুক দিকবিদিক।

৩৩) ক্ষম মোরে রহমান

এ কেমন দুঃসাহস

দূর করলি গানের জোশ!

যে গান শরীরের রক্ত ফোটায়

তার সুরে করলি আপোষ?

ওরে প্রতিবাদের গান এ গান

সংগ্রামের হাতিয়ার,

করতে বদল সেই গানের সুরে

কাঁপলো না হাত একটিবার?

লড়াইয়ের মন্ত্র যে গান

লড়াইয়ের ময়দানে করে আহ্বান,

কোন ঔদ্ধত্যের বলে বলীয়ান

হয়ে করলি তারে ভেঙ্গে খান খান?

খ্যাতির শীর্ষে উঠলে পরেই

যায় বুঝি যা খুশী তাই করা?

পুরস্কারে ভূষিত হলেই

যায় বুঝি মানা ধরাকে সরা?

কিংবদন্তী হয়েও গানের

এ কেমন তোর মনের বিকার?

এ বিকার যায় না মানা

জানাই তোকে শুধুই ধিক্কার।

৩৪) অবুঝ মন

আমি দূর হতে দেখেছি তাকে

কাছে থেকে দেখি নাই,

তার লেখা কবিতা পড়েছি অনেক

ফেসবুকেই যা পাই।

দেখেছি তার অনেক ছবি

রং বেরংয়ের কতো,

ফেসবুকে সে প্রতিদিন

আপলোড করে যত।

মানে ও গুণে লেখা যত তার

উৎকর্ষতায় ভরা,

ছবি যত তার দেখেছি আমি

মুখ তার ছাঁচে গড়া।

ফেসবুক খুলে খুঁজে ফিরি তাকে
নিজেই জানি না কেন,
তবু মন চায় প্রতিদিন তার
লেখা ও ছবি পাই যেন।

তার প্রতি এক তৈরী হয়েছে
অমোঘ আকর্ষণ,
তাকে যেন কাছে পেতে চায় আজ
আমার অবুঝ মন।

৩৫) হতাশা

কলম বলে লিখবো না আর
আমি শুধাই কেন?
বলে আমার লেখায় নয় তো সম্ভব
জগতের কিছুই পাল্টানো।

লিখছি তো বেশ কয়েক যুগ

তোমার হাতে আরও কবিদের হাতে,

পারি নি তো আজ পর্যন্ত

কোনো কিছুই বদলে দিতে।

অভুক্ত নিরন্ন মানুষ গুলো

দুবেলা সয় যারা ক্ষুধার জ্বালা,

আমার লেখা তো পারে নি জোগাতে

তাদের সামনে ভাতের থালা।

খোলা আকাশের নীচে ফুটপাতের অধিবাসীরা

যাদের মাথার ওপরে হাসে সূর্য চাঁদ,

পেরেছে কি আমার লেখা

তাদের মাথার ওপরে দিতে ছাদ?

কোলে বাচ্চা অগোছালো শাড়ী

অন্ধকার গলিতে যাদের বাস,

আনে নি তো বয়ে আমার লেখা

তাদের জীবনে আলোর আভাস।

চোর, জোচ্চোর, জালিয়াতে

ভ'রে গেছে আমার দেশ,

পারে নি তো আমার লেখা

তাদের আধিপত্য করতে শেষ।

চলছে নতুন প্রজন্মের ভবিষ্যৎ চুরি

সাথে বেড়েই চলেছে বেরোজগারী,

লিখেই চলেছি এগুলো নিয়ে

তবু কি থেমেছে এই পুকুর চুরি?

গরীব ছেলেমেয়ের পেট কেটে

বাড়িতে টাকার পাহাড় গড়ে,

মানুষের বিবেক কে পারি নি জাগাতে

এদের যাতে লোকে বয়কট করে।।

মানুষের ভালোর ঠিকাদার যারা

আজ রক্তচোষা পিশাচ ওরা,

এতোকাল লিখেও পারি নি তো

ওই পিশাচ গুলোর ভিতকে দিতে নাড়া।

দূর্নীতিতে ভরেছে দেশ

বনবাসে পাঠিয়েছে সততাকে,

কই আমার লেখা পারে নি তো

ফেরাতে সততাকে বনবাস থেকে।

রাজনীতির জাতের লোকগুলো, যাদের

ক্ষ মতা দখল আর আখের গোছানোই পাখীর চোখ,

পারে নি তো আমার লেখা

জাগাতে তাদের মূল্যবোধ।

জোচ্চোর, অপরাধী রাজনীতিকরা

গিরগিটির থেকে বেশী যারা রং বদলায়,

লিখেও পারি নি মানুষের বিবেক জাগাতে

যাতে মানুষ এদের ওপর ঘৃণা বর্ষায়।

কৃতি সন্তানরা বাড়ায় দেশের সম্মান

তাদের সম্মান ই ধূলোয় আজ,

পারে নি তো আমার লেখা

মানুষকে জাগিয়ে তোলাতে আওয়াজ।

পদক জয়ীদের আন্দোলনে

যে পদক জয়ীরা দাঁড়ায় না পাশে,

আমার লেখার কী ক্ষমতা

তাদের মুখে চুনকালি ঘষে!

ধর্ম আর জাতপাত নিয়ে

লেগেই রয়েছে হানাহানি,

লিখেছি অনেক তবু পারি নি ঠেকাতে

এই হিংসা, মারামারি, প্রাণহানি।

টাকার নেশায় মত্ত সব

বিবেক, মানবিকতা ভুলছে সবাই,

আমার লেখায় দম নেই অতো

মানুষের মনুষ্যত্ব বোধকে জাগাই।

বুদ্ধির চাষ নাকি করে ওরা

শিরদাঁড়াকে বন্ধক রাখে যারা,

কই আমার লেখা তো পারলো না আজও

ছাড়িয়ে আনতে তাদের শিরদাঁড়া।

চলবে এভাবেই বদলাবে না কিছু

করি না আর ভালো কিছু আশা,

মনেতে এখন বেঁধেছে বাসা

শুধু একরাশ হতাশা।

৩৬) অবলা মন

মনটা বড় আজব আমার

শুধুই মন খারাপ করে,

পারে না সে সইতে আঘাত

একদম ভেঙ্গে পড়ে।

বোঝাই আমি মনকে কতো

ওরে শক্ত হতে হবে,

এতো কোমল মন নিয়ে কি

কেউ বাঁচতে পারে এই ভবে?

জীবন তো এক সংগ্রামের নাম

সেই সংগ্রাম চলবে সারা জীবনভর,

লড়াইয়ের ময়দানে কেউ হয় না আপন

সেখানে জানবি সবাই পর।

লড়তে হবে তো একাই তোকে

পরিস্থিতির সাথে,

ভেঙ্গে পড়লে তো হবে না মন

জগতে পাওয়া আঘাতে।

এই জগত টাতো এমন ই রে

এখানে বাঁধতে নেই বুকে আশা,

মন খারাপ তো হবেই যদি

করিস সবার ওপরে ভরোসা।

একটু বোঝ ওরে অবলা মন আমার

তোর মন খারাপে কারও কাঁদে না মন,

ভাবতে শেখ ওরে বুঝতে শেখ

হিংসুটে এই জগতটাই এমন।

৩৭) ধোঁকাবাজ বিশ্বাস

বিশ্বাস গুলো আজকাল বড় ধোঁকাবাজ

মনের মধ্যে দৃঢ় বিশ্বাস জাগায়,

কিন্তু মর্যাদা দিতে জানে না তার

বিশ্বাস গুলোকে গলা টিপে মেরে

গাছের ডালে লটকে দেয়।

বোকা মানুষের দল

তবু বিশ্বাসকেই আঁকড়ে ধরে,

মনের মধ্যে আশার বাসা বাঁধে

আশাহত হয়ে ভগ্ন হৃদয়ে তাকিয়ে দেখে

বিশ্বাসের দল সবার বিশ্বাসের কবর খোঁড়ে।

বিশ্বাসে ভর দিয়ে মানুষ দেখে স্বপ্ন

ছোট্ট একটা ভালোবাসার নীড় বাঁধার,

বিশ্বাস ই হবে যার শক্ত ভিত

হায়নার মতো হাঁ করে ছুটে আসে সেই বিশ্বাস

চেষ্টা সেই সরল বিশ্বাস কে গিলে খাবার।

বিশ্বাস পড়ায় মানুষের চোখে ঠুলি

মাথায় বোলায় নকল প্রেমের হাত,

মানুষ ভাবে বিশ্বাস ই পরম বন্ধু

পরম বিস্ময়ে বোঝে মানুষ

ছলচাতুরী করে বিশ্বাস ছাড়ছে তার সাথ।

যুগ যুগ ধরে চলছে বিশ্বাসের বিশ্বাসঘাতকতা

তবু মানুষ বিশ্বাসকেই করে বিশ্বাস,

মানুষের বিশ্বাসের সাথে বিশ্বাস করে অভিনয়

মানুষ ঠকিয়ে মজা লুটে বিশ্বাস যায় ভুলে

অন্তিম লগ্নে জুটবে একরাশ ঘৃণা আর অবিশ্বাস।

৩৮) পুরুষের জীবন

পঞ্চাশ পেরিয়েছে অনেক কাল

দিন আসছে কমে,

নিমেষেই কাটবে বাকি দিনটুকু

সাঁঝ আসবে নেমে।

পরের ভাবনাই ভেবে গেলি

সারা জীবন ভর,

জীবনের বাকি কটা দিন

একটু নিজের চিন্তাও কর।

চলতে দে এই জগত টাকে

তার নিজস্ব ছন্দ তালে,

চলুক না সবাই নিজের মতো

যাতে তাদের সুখ আনন্দ মেলে।

ভালো মন্দের দায় তো সবার

এতোকাল বইলি কাঁধে,

অবমূল্যায়ণ তাও হয় যখন

মনটা কেমন কাঁদে!

একদিন তো যাবি চলে

জগত তো থাকবে না থেমে,

আসুক না সবার নিজের ই কাঁধে

তার ভালো মন্দের দায় নেমে।

পারবি না তো বদলে দিতে

তুই একলা জগত টাকে,

ওরে এই বয়সে শিখতেও হয়

বন্ধ রাখা চোখ দুটো কে।

পুরুষ মানুষের জীবন কখনোই
নিজের জন্য নয়,
সবার প্রয়োজন মেটাতেই পুরুষকে
কর্ম করে যেতে হয়।

বিনিময়ে কিছু পাবার আশা
করে না যেন মনে বিচরণ,
সংসারের চাপ আর দায় দায়িত্ব
এটাই তো হোলো পুরুষের জীবন।

৩৯) বিধর্মী

ধর্মের নামে তুলিস তরবারি
রক্তে করিস মাটি লাল,
ওরে বিধর্মী তোরা ধার্মিক নয়
তোরা হলি ধর্মের দালাল।

মন্দির ভাঙ্গবি,মসজিদ ভাঙ্গবি, গীর্জা পোড়াবি

তাও কি হবে কোনো ধর্ম অবলুপ্ত?

ওরে বিধর্মী,ওরে নির্বোধ

পুরবে না কোনোদিন তোদের এই বাসনা সুপ্ত।

হাজার বছরের অত্যাচারের

সাক্ষী থেকেছে ইতিহাস,

ওরে বিধর্মী চেয়ে দেখ তবু

সব ধর্মের মানুষ ই এখনও নিচ্ছে শ্বাস।

আমার আরাধ্য আমার মনে

পূজি আমি তারে আমার মতোন,

ওরে বিধর্মী,ওরে সভ্যতার শত্রু

আবাস ভাঙ্গলেই তার হয় না পতন।

জন্ম নিস নারীর জঠর থেকে

সেই নারীকেই করিস ধর্ষণ?

ওরে বিধর্মী ভেবে দেখেছিস

ছিল না এটা তোদের ধর্মের দর্শন?

ধর্মের নামে হানাহানি করে

বিষিত করিস মানব সভ্যতাকে,

ওরে বিধর্মী,ওরে চন্ডাল

শেষ হবি তোরা, সব ধর্ম থাকবে টিকে।

৪০) ডাকাবুকো

ডাকাবুকো বাচ্চাটা ঐ

উঠেছে দেখ গাছে,

প্রাণে নেই একটুও ভয়

যদি পড়ে যায় পাছে।

সরু সরু ডালগুলোতেও

যাচ্ছে কেমন তরতরিয়ে,

দেখে আমার কাঁপছে শরীর

কাঁপছে বুক থরথরিয়ে।

জমা হয়েছে লোক যত

ডাকছে নেমে আয় ওরে,

বাচ্চাটা চেয়ে সবার দিকে

হাসছে শুধু খিলখিল করে।

গাছে উঠে পাড়ছে লিচু

দুই পকেটে ভরে,

মাঝে মাঝে পুরছে মুখে

টপ টপাটপ করে।

গাছের মালিক পেয়ে টের

দিয়েছে তারে ধাওয়া,

গাছ থেকে নেমে এক লাফে

বাচ্চাটি দৌড়ে হাওয়া।

৪১) হে অন্তর্যামী

হে অন্তর্যামী এ কেমন তোমার খেলা!

চারিদিকে দেখি শুধুই বিষধর সাপের মেলা।

চলার পথে অসন্তর্পণে পা ফেলাই দায়

বিষধরদের ছোবলে সাধের প্রাণটা বুঝি যায়!

এ সাপ তো দেখি সুযোগ পেলে দুধ কলাও খায়

ছোবল দেবার সময় তা নিমেষে ভুলে যায়।

দুধ কলার টানে এ সাপ আবার আসে দ্বারে

সুযোগ পেলেই নির্দ্বিধায় ফের ছোবল মারে।

মণির নেশায় এ মণিধর টানে সাপুড়েকে

পেলে একবার হারায় না সুযোগ তাকে দংশাতে।

হে অন্তর্যামী এ কেমন তোমার খেলা!

চারিদিকে দেখাও তুমি বিষধরের মেলা।

৪২) আমার কৈশোর

কিশোর বয়সের গল্প শুনি

আমি মায়ের মুখে,

পাড়ার মধ্যে নাকি ছিলাম সেরা

আমি দুষ্টুমি তে।

আমার নাম শুনলে পড়ে

পাড়ার সবার একই কথা,

ছেলেটা ভীষণ ই দুষ্টু তবে

লেখাপড়াতে ভালো মাথা।

বাড়ীর পেছনে ডোবাটায়

নেমে পড়তাম হাঁটু জলে,

বন্ধু বান্ধব কে সঙ্গে নিয়ে

জল ছেঁকে মাছ ধরবো বলে।

পড়ানোর জন্য আমায় রোজ
মাষ্টারমশাই বাড়ীতে এলে,
ভাগিয়ে দিতাম তাঁকে নাকি
তাঁর শরীরে থুতু ফেলে।

মানতাম না আমি বড় ছোট
বাড়ীর লোককে কোনোদিন,
অপছন্দের কিছু ঘটলে পরেই
দিতাম বসিয়ে ঘা দুই তিন।

খাবার জিনিস যা কিছুই হোক
লুকোনোর নাকি ছিল না উপায়,
আমি ঠিকই সন্ধান পেয়ে
সাবাড় করে দিতাম সদা ই।

পড়তে বসলেই পেত ঘুম
এটাই ছিল আমার স্বভাব,
বাড়ীর লোকের লুকোনো পয়সা
চুরি করতে ছিলাম ওস্তাদ।

লুকিয়ে লুকিয়ে বিড়ি ফুঁকতাম

আমি শৌচাগারে ঢুকে,

শৌচাগার থেকে বেরিয়েই আমি

পেয়ারা পাতা পুরতাম মুখে।

এরকম নাকি হাজার রকম

আছে আমার দুষ্টুমির গল্প,

সেগুলোই মা শোনায় রোজ

সময় পেলেই অল্প অল্প।

বাড়ীর সবাই ছিল তটস্থ

আমার দুষ্টুমি তে,

সেই আমিই কাঁপতাম থরথরিয়ে

দেখলে আমার বাবা কে।

বাবার হাতে খেতাম রোজই

যাকে বলে উত্তম মধ্যম,

আমাকে বাঁচাতে গিয়ে ঠাকুরমাও

মাঝে মাঝেই হতেন জখম।

মায়ের মুখে এসব শুনতে শুনতে

আমার খুব হাসি পায়,

সঙ্গে মনে জাগে প্রশ্নও

সবার কৈশোর কি এমনই হয়!

৪৩) ফেলে আসা দিনগুলি

ফেলে আসা দিনগুলি

আমায় বড় পিছু ডাকে,

মন ভাবে কোনোভাবে যদি

ফিরে পেতাম আবার কৈশোরটাকে।

ভুল ভ্রান্তি শুধরে নিয়ে

শুরু করতাম নতুন করে জীবন,

ছেঁটে ফেলতাম কৈশোরের সেই খারাপ গুলো

যাতে দুঃখ আঘাত পেয়েছে আমারই স্বজন।

কখনও আবার ভাবে মন

যদি পেতাম ফিরে আবার আমার যৌবন,

এবারের ভুলগুলি কে সরিয়ে রেখে

নতুন ভাবে আবার গোছাতাম এই জীবন।

যৌবনের সেই অপূর্ণ স্বপ্নগুলো

মনকে যা বারে বারেই দেয় পীড়া,

ভুল শুধরে নতুন উদ্যমে করতাম শুরু

যাতে সেই স্বপ্নগুলো আর না থাকে অধরা।

যৌবনের সেই ফেলে আসা দিনগুলি

সঠিক রং এর অভাবে যা হয় নি রঙ্গীন,

নতুন করে রং তুলি নিয়ে বসে আঁকতাম তাকে

যাতে দিনগুলির কোনোটিই না থাকে রং হীন।

করেছি সংসার জীবনে প্রবেশ

সেখানেও হাজার গন্ডা ভুলের রেষ,

যদি পারতাম ভুলগুলো কে উপড়ে দিয়ে

নতুন ভাবে করতে শুরু তবে হতো বেশ।

দিন যত গড়ায় মন ততই উতলা হয়

যদিও জানি আর ফিরে পাব না তাকে,

তবু কেন জানি ফেলে আসা দিনগুলি

আমায় বড় পিছু ডাকে।

৪৪) দড়ি ধরে মারো টান

কলম নিয়ে বসেছি লিখতে

ভালোবাসার কথা আসে না আজ,

তিলোত্তমা দেখিয়ে দিল

চলছে হেথায় অসভ্য রাজ।

লাগামছাড়া জনরোষ

আছড়ে পড়েছে রাজপথে,

দমণ পীড়ন নিপীড়নে

সান্ত্রীরা হাজির লাঠিহাতে।

শাসক ব্যস্ত করতে আড়াল

অপরাধীর সব কুকর্ম,

ভুলে গিয়ে দায় জনতার প্রতি

ভুলে গিয়ে রাজধর্ম।

পরাতে ঠুলি জনতার চোখে

শাসক নেমেছে রাস্তায়,

যার কাঁধে আজ বিচারের দায়

স্লোগান তুলে সে বিচার চায়।

ভূভারতে হায় পাবে না কোথাও

এমন শাসকের দর্শন,

শাসকের আজ নেই কোনো লাজ

যত নিন্দাই হোক বর্ষণ।

এ শাসকের প্রতি নেই বেঁচে আজ

মানুষের কোনো সম্মান,

খোলা আছে পথ একটাই এখন

দড়ি ধরে মারো টান।

৪৫) ছেলেবেলার বৃষ্টি

আকাশে বেশ মেঘ জমেছে

বিদ্যুৎ চমকায় ঐ,

বৃষ্টি যদি নামে তবে

কোরবো খুব হইচই।

তেলেভাজা ভাজবে মা

খাব মুড়ির সাথে,

বন্ধু বান্ধব নিয়ে বেশ

পিকনিক কোরবো রাতে।

ঝম ঝমাঝম বৃষ্টির সাথে

গরম গরম খিচুড়ি,

সঙ্গে থাকবে মায়ের হাতের

ডিমের কষা কারী।

একদিকে মা করবে রান্না

অন্য ঘরে আমরা সবাই,

জমিয়ে হবে আড্ডা আর

শব্দ বানানোর চলবে লড়াই।

ছাদের কার্নিশে পায়রাগুলো

করবে বসে বক বকম,

তারই সাথে তাল মিলিয়ে

পড়বে বৃষ্টি ঝম ঝমাঝম।

খাবার সময় হলে পরে

মা ডাকবে আয়,

মেঝেতে পিঁড়ি বা আসন পেতে

পাশাপাশি বসবো সবাই।

ধোঁয়া ওঠা গরম খিচুড়ি

দেবে মা সবার পাতে,

জানি আমি পাঁপড় ভাজা

থাকবেই খিচুড়ির সাথে।

খাবার পরেও বেশ কিছুক্ষণ

চলবে আমাদের গল্প,

বাড়ীর দিকে সবাই বাড়াবে পা

যখন ঘুম আসবে অল্প অল্প।

বিছানায় শুয়ে আমি বেশ

ভাববো সন্ধ্যের হুল্লোড়ের কথা,

ভাবতে ভাবতেই হবে বন্ধ

আমার চোখের জোড়া পাতা।

৪৬) ছলনার রাণী

ভীষণ ভালোবাসি–

তোকে শুধু তোকে,

বলেছিলি এই কথাগুলো

একদিন মাথা রেখে আমার বুকে।

তোকেও আমি বসিয়েছিলাম
আমার হৃদয় জুড়ে,
স্বপ্ন যতো দেখেছি সবই
তোকে আমাকে ঘিরে।

মনে পড়ে দিয়েছিলি কথা
সারা জীবন থাকবি সাথে,
আমার হাত থেকে সরিয়ে হাত
দিবি না তুলে অন্যের হাতে।

তোর সারা হৃদয় জুড়ে
রয়েছি শুধু আমি,
তোর জীবনে আর কেউ নেই
আমার চেয়ে দামী।

দিন গড়ালো বছর গড়ালো
রূপ জৌলুস বাড়লো তোর,
আস্তে আস্তে কাটলো তোর
আমার প্রতি প্রেমের ঘোর।

নতুন এক যুবকের প্রেমে

তোর হৃদয় নেশাগ্রস্থ হয়,

আর আমার সাথে শুরু হোলো

তোর নিখুঁত অভিনয়।

বুঝলাম যেদিন তোর ছলনা

আকাশ থেকে পড়লাম আমি,

সেদিন থেকেই বুঝলাম তুই

আদতে হলি ছলনার রাণী।

৪৭) কপটপ্রণয়

সেই একাদশ শ্রেণীর কথা

যখন তোর আর আমার প্রথম দেখা,

সবার মাঝে কলেজের মাঠে

হোলো চোখে চোখে কতো কথা।

ধীরে ধীরে লজ্জা কাটিয়ে

ঘনিষ্ঠ হলাম তুই আর আমি,

পারলাম না এড়াতে দুজনের কেউই

একে অপরের ভালোবাসার হাতছানি।

জড়িয়ে নিলি আমাকে তুই

তোর ভালোবাসার চাদরে,

খুশীতে ভোরলো আমার জীবন

তোর সোহাগে আদরে।

কলেজের সবার নজর তখন

তোর আর আমার প্রতি,

ধীরে ধীরে আমরা হলাম

কলেজ খ্যাত প্রেমের জুটি।

ঈশানকোণে কখন যেন

জমলো কালো মেঘ,

আমার প্রতি তোর ভালোবাসায়

আস্তে আস্তে পড়লো ছেদ।

পাল্টে গেলি একদম তুই
হয়ে উঠলি পুরুষ শিকারী,
ভালোবাসাকে নামালি বাজারে
হয়ে গেলি তুই ভালোবাসার ব্যাপারী।

শুরু করলি ছেলে ভোলানো
মিষ্টি কথার ছলে,
একাধিক পুরুষকে জড়ালি তোর
শরীর আর রূপের জালে।

তোকে নিয়েই তো দেখেছিলাম
জীবনের যতো স্বপন!
তুই ই তো ছিলিস আমার জীবনের
সবচেয়ে অমূল্য রতন।

তোকে ভেবেই লিখেছিলাম
প্রেমের যতো গান!
তোর মুখকে স্মরণ করেই
করেছি সেগুলোয় সুর দান।

একের পর এক ক্যানভাসে

এঁকেছি শুধু তোর ই ছবি,

সেগুলো দিয়েই সাজিয়েছি ঘর

দেওয়াল জুড়ে আছে সে সব ই।

তোকে নিয়েই জীবন ভর

লিখে গেছি কবিতা,

রাত জেগে জেগে তোর কথাতেই

ভরিয়েছি পাতার পর পাতা।

আর আমার সাথে ছলনা করেই

কাটালি তুই কলেজ জীবন,

একদিন এই আমার জন্যই

কাঁদবেই তোর মন।

রূপ জৌলুস ছাড়বে সাথ

রব না হয়তো আমিও ভবে,

আমার স্মৃতির জালে জড়িয়ে

যন্ত্রণায় তোকে দিন কাটাতে হবে।

৪৮) জাতিস্মরের গল্প

চেনা চেনা লাগে বড়

চিনিতে না পারি,

কোথায় দেখেছি খোকা

মুখখানি তোমারি?

অবাক বিস্ময়ে বালক

পলকহীন চোখ। মুখে কাটে না রা,

তারও খুবই চেনা লাগে

তবু মনে করতে পারে না।

মাথায় আসে তার

জাতিস্মরের গল্প,

শুনেছিল পারে তারা স্মরণ করতে

পূর্বজন্মের কথা অল্প অল্প।

বলতে যাবে যেই

লোকটিকে সেই কথা,

পেছন থেকে নাম ধরে

বাবা ডাকায় পরে বাধা।

বাবা এসে বললেন তাঁকে

নমস্কার স্যার,

এরকম ভাবে তাকিয়ে আছেন

বলুন তো কি ব্যাপার।

স্যার এবং ছেলের মুখে

সব কিছু শোনার পরে,

বাবার সেকি হাসি

পেটে যেন খিল পড়ে।

বলেন বাবা বুঝিয়ে এবার

ছেলে এবং স্যার কে,

স্কুল বন্ধের কারণেই

ভুলেছেন একে অপরকে।

স্যার উনি ছাত্র তুমি

এটাই আসল সম্পর্ক,

এর মধ্যে নেই কোন

জাতিস্মরের গল্প।

৪৯) এক আদিবাসীর চোখে

বাস ভরতি লোকেরা সবাই

রুমাল চাপা নাকে,

কে এক আদিবাসী হাড়িয়া খেয়ে

বেসামাল হয়ে শুয়ে সীটে।

পড়েছে ছড়িয়ে বাসটি জুড়ে

বিকট পচা গন্ধ,

ভদ্র সভ্য লোকের মাঝে

এলো কোথা থেকে এ মন্দ!

বাস ভরতি সবার মুখে

এই বিষয়টিই আলাপে আজ,

আদিবাসীরা অসভ্য চিরকাল

এই অশিক্ষিতদের নেই কোনো লাজ।

দূরে কোণে এক আদিবাসী যুবক

বসে চুপটি করে অন্য সীটে,

সবার কথায় ওঠে চেঁচিয়ে

বলে যা কইসেন তা বটে বটে।

আদিবাসীরা অছিক্ষিত

অদের গায়ৎ গন্দ, অরা সড়ায় গন্দ,

অরাই জমিৎ ধান গম ফলায়

জোটায় দুবেলা খাওয়ার তবু ম্যানুষ অরা মন্দ।

হুইচকি খায়্যা শহুরে বাবুরা

ঘরৎ যায়্যা বউ ঠ্যাঙ্গায়,

চুলের মুঠি ধইরা অকথ্য গ্যালালেও

গন্দ নাকৎ ঢোকে না হায়!

দল বাইন্দা মা বোনের
ইজ্জত লুইটা করে খুন,
হোটেল, রাস্তায় বা পার্কের কোণায়
নজরে পড়ে শহুরে বাবুদের গুণ।

ন্যাশা খায়্যা গ্যাড়ী চালায়া
গরীব ম্যানষেক পিষে মারে,
মরার পরে ওই ম্যানুষ গুলাক
কুত্তার সাথে তুলনা করে।

বিটিসোল লিয়ে বগলের তলায়
আলিশান হোটেলেৎ যায়,
আর গরীব ম্যানষে হাত পাতলেক
ন্যাথ্থি দিয়া খ্যাদায়।

ভুল এ্যাডা অঁয় করিসে বটেক
ন্যাশা খায়্যা উঠিসে বাসৎ,
বাবুরাও তো বোতলেৎ মিশায়া
উইঠা পড়ে টেরেনৎ।

পমোশোন লিবার লগে বাবুরা

বউয়েক ঠ্যালে বসের সাথৎ,

আর রাস্তাত দ্যাখলে বিটিসোল সোন্দর

জিভা খান করে লকলক।

এইগলা যহন ঘটে তহন

বাবুদের নাকগুলান থাকে বন্দ,

তাইতো বাবুদের বন্দ নাকৎ

ঢুকে না এইগুলার কোনোই গন্দ!

শহরের শিক্ষিত বাবুরা সব

আলিশান বাড়িৎ রয়,

আর জন্ম দেওয়া বাপ মায়েরা

বাবুদের ঘাড়ের বোঝা হয়।

বাবুরা করে ধর্মের ব্যবসা

ম্যানষে ম্যানষে ভ্যাদ বাড়ায়,

বাবুদের এই মহান কাজে

দ্যাশ জুইড়া কি সুগন্দ সড়ায়?

যুবক যুবতীর প্যাট কাইটা

ট্যাহা লিয়া ব্যাচে চাকরি,

আর চাকরি যাদের পাওয়নের কথা

তারা দ্যাসে গলায় দড়ি।

মনের কথা কইলে পড়ে

পুলিশ দিয়া করে হয়রান,

খাওয়া পরা সব ব্যাপারেই

জারী করে বাবুরা ফরমান।

এসব যহন ঘটে তহন

বাবুদের নাকগুলান থাকে বন্দ,

তাইতো বাবুদের বন্দ নাকৎ

ঢুকে না এইগুলার কোনোই গন্দ।

৫০) প্রেমিকা যখন সেলিব্রিটি

বেশ লাগে যখন দেখি

আমার প্রিয়াকে ঘিরে,

ক্যামেরার ফ্ল্যাশের ঝলকানি

উদ্বেলিত জনতার ভীড়ে।

সবাই চায় একটু ছোঁয়া পেতে

একটু নিবিড় হতে,

সবার আশাই করে পূরণ

আমার প্রিয়া অকৃপণ হাতে।

ছড়িয়ে পড়ে চারিদিকে

প্রিয়ার রূপের খ্যাতি,

অহঙ্কারে ফুলে ওঠে

আমার প্রিয়ার বুকের ছাতি।

আমি ভাবি হতাম যদি

আমিও ওই জনতার একজন,

পেতাম তবে আমার প্রিয়ার

সান্নিধ্য কিছুক্ষণ।

মনকে বোঝাই ও মন আমার

কাঁদিস নে তুই লক্ষ্মীটি,

আমার প্রিয়া তোআজ নেই সাধারণ

সে যে আজ সেলিব্রিটি!

৫১) যন্ত্রণা

হে অন্তর্যামী!

আর কখনও পাঠিও না আমায়

এই পৃথিবীর দ্বারে,

যত দেখি তত অবাক হই,

পরশ পাথর মনে করে

ঠকেই চলেছি বারে বারে।

৫২) বিধাতা

আমি যতো স্বপ্ন দেখেছিলাম-

কোন এক অদৃশ্য শক্তি এসে

সেগুলোর সবগুলোকে পুড়িয়ে দিল

শ্মশানের চুল্লীতে তুলে।

ইচ্ছে গুলোকে যতো পুষেছিলাম মনে-

আগলে রেখেছিলাম সযত্নে!

কবর খুঁড়ে সেগুলোকেও পুঁতে দিল

সেই দানবীয় অদৃশ্য শক্তি।

যতো শখ আহ্লাদ কে সাজিয়েছিলাম মনে-

সেগুলোকেও পচা পুকুরের জলে

ডুবিয়ে মারলো আমার ই চোখের সামনে

সেই অদৃশ্য পিশাচ টা।

আনন্দ গুলোকে লালন পালন করে
বড় করছিলাম- সেগুলোকে আঁকড়ে ধোরবো বলে
চরম হিংস্রতায় গলা টিপে মারলো ওদের
সেই এক ই অদৃশ্য রাক্ষস।

আশা আকাঙ্খা যতো বাসা বেঁধেছিল মনে-
অলসভাবে যারা সময় কাটাতো আমার সাথে
বিষাক্ত সাপের মতো মারলো ছোবল তাদের
মৃত্যুপুরীতে পাঠালো ওদের ও।

শেষ সম্বল ছিল ভালোবাসা-
তাকেও জোর করে কেড়ে নিয়ে গেল সেই একই অদৃশ্য
দানব! যাবার সময় শুধু ছড়িয়ে দিল একগাদা হতাশা
আমার সমস্ত হৃদয় জুড়ে।

৫৩) ফিরে এসো প্রিয়তমা

এতদিনের সম্পর্ক

এক নিমেষেই গেলে ভুলে?

আমাকে অসহায় করে তুমি

চলে গেলে একলা ফেলে?

শীত, গ্রীষ্ম, বর্ষা

যাই আসুক না কেন,

আগে তো কখনও দেখি নাই আমি

তোমার আচরণ এহেন।

পেয়েছি আমি চিরকাল

তোমার অন্তরের ভালোবাসা,

আজ কেন তবে দিচ্ছ আমায়

বুকভরা শুধু হতাশা?

চোখ বুঁজে করেছি ভরোসা

তোমার উপরে চিরকাল,

যখনই আমি খেয়েছি কিছু

সে রাতেই হোক বা দুপুর সকাল।

পাশে থেকে তুমি আমায়

জুগিয়ে গেছ ক্ষমতা,

আজ কেন তবে দিলে আমায়

নিষ্ঠুরভাবে এমন ধোঁকা?

কানে আজ শুনছি যা

দেখছি আজ যা চোখে,

উদরস্থ যা কিছুই করি

হয় না হজম তোমার অভাবে।

ঢুম ঢাম ভুট ভাট

শুনি কতো শব্দ!

কে জানে কোন অপরাধে

করে চলেছো আমায় জব্দ!

অভিমান ভুলে তুমি আবার

ধর গো আমার হাত দুটি,

পায়ে পড়ি প্লীজ ফিরে এসো

ওগো আমার প্রিয় হজম শক্তি।

৫৪) আত্রেয়ী নদীর তীরে

আবার আসিবো ফিরে

আত্রেয়ী নদীর তীরে,

জন্ম নেবো নতুন ক'রে

ছোট একটি নীড়ে।

গাছ গাছালি আর লতাপাতায়

থাকবে সেটি ঘেরা,

গাছে গাছে পাখীর কূজন

আর ফুল ফলেতে থাকবে ভরা।

গাছের ছায়ায় বসে আমি

লিখবো তোমার কথা,

এই জন্মে তোমার আমার

ভালোবাসার গাথা।

কলকল করে বয়ে যাবে

বাড়ীর পাশেই আত্রেয়ী নদী,

সেই নদীর জলে দেখবো আমি

শুধু তোমার ই ছবি।

নদীর জলে নাইতে গেলে

মনে জাগবে ভীষণ ব্যথা,

বুকেতে মোচড় দিয়ে শুধু

মনে পড়বে তোমার ই কথা।

ঘরের পাশের পুকুরগুলো

ডাকবে আমায় মাছ ধরতে,

তোমাকে ছাড়া পারবো কেমনে

পুকুরের জলে জাল ছুঁড়তে?

গাছের ফল গাছেই রবে

উঠবে না আর এই মুখে,

তোমায় ছেড়ে একলা আমি

ফল মুখে দেব কোন সুখে?

ছুটে বেড়াবো দিনভর আমি

এ প্রান্ত থেকে ও প্রান্তে,

বাঁশীর সুরে তুলবো আমি

তোমার নুপুরের ঝংকার নিশ্চিন্তে।

শনশন ক'রে বইবে বাতাস

আমার বাঁশীর সুরে,

ডাকবে বাতাস উচ্চৈঃস্বরে

তোমার নামটি ধ'রে।

ভালো হবে তখন ই

যদি তোমার হাতটি ধরে,

আসতে পারি নতুন করে

এই আত্রেয়ী নদীর তীরে।

৫৫) ওহে শ্রীকান্ত

ওহে শ্রীকান্ত -

এ তুমি করেছো টা কী?

মাছ মাংস খাচ্ছো তুমি

নিয়েছো কি রাজার অনুমতি?

শ্রীকান্ত তুমি যতোই বল

তুমি স্বাধীন দেশের নাগরিক,

ধর্মীয় উৎসবে মাংস খাও

তোমাকে শত ধিক ধিক ধিক।

কী বোলছো শ্রীকান্ত

মায়ের ভোগে লাগে পাঁঠা বলি?

মাকেও তবে শুধাবো এবার

তুই কবে থেকে মা মোঘোল হলি?

শ্রীকান্ত তুমি যতোই গাও

অধিকারের জয়গান,

থাকতে হ'লে এদেশে তোমায়

মানতে হবে রাজার নিদান।

৫৬) কারা ওরা

আজকে ওরা সবাই নীরব

কিসের বিনিময়ে?

সেদিন যারা করতো মিটিং

নন্দীগ্রামে গিয়ে!

সেদিন যারা তুলেছে আওয়াজ

শাসক পরিবর্তনের,

আজ কি তাদের হয়েছে ক্ষীণ

দৃষ্টিশক্তি চোখের?

আজ কি তাদের শ্রবণেন্দ্রিয়

দেয় না তেমন সাড়া?

শুনতে পায় না কান্না তাদের

হয়েছে যারা চাকরীহারা?

কান্না তাদেরও যারা রাস্তায় ব'সে

হাজার দিন করেছে পার!

শুনতে পায় না এরা তাদের

সম্মিলিত হাহাকার।

নজিরবিহীন এই দুর্নীতিতে

চিন্তাশীলরা সবাই সরব,

নিজেদের বলে বিদ্বজ্জন

তবু নির্লজ্জ গুলো সবাই নীরব।

নেই জমায়েত এ্যাকাডেমিতে

রাজপথ জুড়ে নেইকো মিছিল,

আজ এরা সবাই মিলে

দরজায়, মুখে তুলেছে খিল।

কষছে হিসেব মাপছে এরা

কোন দিকেতে গড়ায় জল,

সেই দিকেতেই কাটবে সাঁতার

এই নপুংসকের দল।

৫৭) বালকবেলার হাতছানি

চাই না আমার ধন সম্পদ

চাই না প্রভাব প্রতিপত্তি,

চাই না আমার বাড়ী গাড়ি

চাই না কোনোই খ্যাতি।

চাই না আমার শহর নগর

চাই না শপিং মল,

চাই না আমার শহর জুড়ে

আধুনিক ফ্ল্যাটের ঢল।

চাই যে আমি ফিরে পেতে

আমার ছোটোবেলা,

যখন পাড়ার সব বন্ধুরা মিলে

খেলতাম লুকোচুরি খেলা।

ফিরিয়ে দাও আমার খেলার মাঠ

ফুটবল ছুটতো যেথায়,

মাথা উঁচু করে কংক্রিটের জঙ্গল

আজ গড়ে উঠেছে সেথায়।

বর্ষার বৃষ্টির জমা জলে

উঠোনে বা রাস্তায়,

কাগজের নৌকো ভাসানোর মজা

ফিরে পেতে আজ ও মন চায়।

শহর জুড়ে এদিক ওদিক

খেলার মাঠের ছড়াছড়ি,

একদল ছেলে মাঠ জুড়ে

আর ঘুড়ি লাটাইয়ের গড়াগড়ি।

বন্যার জলে শহর ভেসে

জলেতে চলতো খেলা,

দল বেঁধে বন্ধুরা সবাই

ভাসাতাম কলাগাছের ভেলা।

ফিরিয়ে দাও আমার ছোটোবেলার

বিশুদ্ধ নির্মল বাতাস,

ছেলে বুড়ো সবাই মিলে

যখন প্রাণ ভ'রে নিত শ্বাস।

শহর জুড়ে অলিতে গলিতে

চলতো আমাদের গুলি খেলা,

চাই না কিছুই চাই যে শুধুই

ফিরে পেতে সেই বালক বেলা।

৫৮) বেদনা

হিংসে হয় তাদের ভীষণ

চিরতরে যারা যাচ্ছে চলে,

শান্তির দেশে ঘুমোতে নিশ্চিন্তে

অশান্তির এ জগৎকে পেছনে ফেলে।

এ জগৎটা হয়েছে হিংসুটে বড়

এখানে কেউ কারো নয় আজ,

সবার সুপ্ত বাসনা একটাই

ছড়ি ঘুরিয়ে করবো রাজ।

এ জগৎটা হয়েছে বড়ই নিষ্ঠুর

মানুষের মন ভাব ভালোবাসা হীন,

বিপন্মুক্ত হলেই একবার

স্বীকার করে না মানুষের ঋণ।

এখানে ব্যস্ত সবাই নিজেকে নিয়েই

নিজেকে ধরতে উঁচুতে তুলে,

মূল্যবোধকে দিয়েই বিসর্জন

শিষ্টাচারকে ডুবিয়ে জলে।

আচার আচরণে নেই শিক্ষার ছাপ

জেদ, একগুঁয়েমি আর উগ্রতা,

হারিয়ে যাচ্ছে এদের অভিধান থেকে

সম্মান, শ্রদ্ধা আর ভদ্রতা

এ জগৎ আর নেই সে জগৎ

যেখানে শিক্ষা ছিল বিরাজমান,

যুগের বদল ঘটেছে অনেক

আজ স্বেচ্ছাচার নিয়েছে স্থান।

৫৯) আমি তিলোত্তমা বলছি

স্বপ্ন ছিল প্রাণ বাঁচানোর
মরতে বসা মানুষের,
পারলাম কই রুখতে মৃত্যু
আমার সেই স্বপনের?

ভুলেছিলাম এ জগৎটাতো
হিংস্র হায়েনাদের দখলে,
ওৎ পেতে এরা আছে বসে
শিকারকে ছিঁড়ে খুবলে খাবে বলে।

তাই তো গিয়েছিলাম সেমিনার রুমে
একটু বিশ্রাম নিতে,
একটিবার ও জানতেম যদি
সেখানেও হায়েনারা বসে ওৎ পেতে!

স্টেথো গলায় আমি ছিলাম

এক অতি সাধারণ মেয়ে,

আজ রাতারাতি এসেছি আমি

সংবাদ শিরোনামে।

আমার জন্য লাখো লোক

নেমেছে আজ পথে,

আমার জন্য আজ সোচ্চারিত প্রতিবাদ

লাখো জনতার কণ্ঠে।

আমি এখন টিভির পর্দায়, খবরের পাতায়

ক্লাবে, ঠেকে শুধুই আমি,

আমায় নিয়ে গরম ভাষণে

আড়ালে হাসেন অন্তর্যামী।

বলতে পারো তোমরা আমায়

এটাই শেষবারের মতো?

আমার সাথে যা হয়েছে

আর কখনো ঘটবে নাকো!

কদিন তোমরা থাকবে পথে

কদিনই বা আমায় রাখবে মনে,

আবার কখনো ঘটবে এমন

এই সমাজের ই কোনো এক কোণে।

পারবে কি তোমরা বদলে দিতে

ঘুণ ধরা এই সমাজটাকে?

রাজনীতিই বিষ এই সমাজের

মানুষকে দেবে না এক হতে।

আমার নামে ব্লকের নামকরণ

আর জি করে হবে শুনছি,

চাই না এসব সরকার বাহাদূর

সুরক্ষা দিন সেটাই চাইছি।

সুরক্ষা দিন পরিকাঠামো দিন

দিন নারীদের বিশেষ নিরাপত্তা,

আচরণ করুন মানুষের ন্যায়

বন্ধ করুন সহানুভূতির বার্তা

চরিত্র নিয়ে টানাটানি
আমার ও তো হয়েছে বেশ,
লাজ, লজ্জা, শরম সব
বেচে দিয়ে করেছেন শেষ।

অপরাধীদের করতে আড়াল
করেছেন প্রচার অন্যায় অন্যায্য,
আত্মহত্যা বলে দিয়েছেন দেগে
হাসপাতাল হয়েছে অপরাধীর স্বর্গরাজ্য।

অপরাধ দমন হোক কড়া হাতে
সমাজটা হোক অপরাধ মুক্ত,
কঠোর শাস্তি চাই তাদের যারা
হাসপাতালে দালাল রাজে যুক্ত।

রাজনীতিকরা পেয়েছে গরম ইস্যু
কদিন তরা গর্জাবে,
লাভের ফসল ঘরে তুলতে
কেউ জিতবে কেউ হারবে।

আর আমি তিলোত্তমা পরলোক থেকে

তাকিয়ে দেখবো অধীর আগ্রহে,

আমার শুধু প্রশ্ন একটাই

সমাজটা কবে শোধরাবে?

৬০) ক্ষমতার সন্তান

যতোই করো চেঁচামেচি

আমাদের গৌরব হবে না ম্লান,

ভুলে যেও না আমরা হলাম

ক্ষমতার সন্তান।

যতোই করো জমায়েত

যতোই তোলো স্লোগান,

লাগবে না আঁচড় আমাদের গায়ে

আমরা যে ক্ষমতার সন্তান।

বারে বারে লুটেছি আমরা

নারী জাতির মান,

তবু থেকে গেছি আড়ালে আমরা

আমরা যে ক্ষমতার সন্তান।

কলার তুলেই ঘুরি আমরা

আমরাই সমাজের ভগবান,

পরোয়া করি না কাউকে আমরা

আমরা যে ক্ষমতার সন্তান।

মাথার ওপরে থাকে আমাদের

শাসকের বরদান,

পড়ি না আমরা আইনের জালে

আমরা যে ক্ষমতার সন্তান।

হয় তথ্য লোপাট চিহ্ন গায়েব

মুছে ফেলা হয় সব প্রমাণ,

যুগ যুগ ধরে হয়েছে এটাই

আমরা যে ক্ষমতার সন্তান।

রাতের দখল নিয়ে যতোই

গাও নারী স্বাধীনতার গান,

আমাদের তাতে নেই উদ্বেগ

আমরা হলাম ক্ষমতার সন্তান।

৬১) রঙ্গভূমি

তিলোত্তমার হত্যা নিয়ে

কতো নাটক দেখছি হেথা,

যায় না দেখা প্রতিবাদী হয়ে

মহানায়ক নচির কেতা।

বিচ্ছিন্ন ঘটনা বলে

বেজায় চাপে দাদা,

সমালোচনায় পড়ে ব্যস্ত ধুতে

জামায় লাগা কাদা।

এক নম্বর দিদি আবার

গ্লিসারিন লাগিয়ে কাঁদে,

ধরে ফেলেছে জনতা তাই

ফুঁসছে এখন রাগে।

চোয়াল ঢুকিয়ে শঙ্খ বাজিয়ে

প্রাক্তন পর্ণা বেজায় চাপে,

জনতার ট্রোলিং এ শেষে

সরাতে হোলো ভিডিওটাকে।

চাপে পড়ে ট্রোলিং এর জেরে

অপরিচিত সেন রাস্তায় এলেন,

সেই চাপেতেই পরিবার নিয়ে

দাবাড়ু সেন ও পথে নামলেন।

বেলা বোসের সৃষ্টিকর্তা

দিদির অপমানে পেয়েছে ব্যথা,

তবু তিলোত্তমার হত্যা নিয়ে

মুখে ফোটে না কোনোই কথা।

রাবণ বলছে রাস্তায় নেমে

সীতা হরণের বিচার চাই,

কে জানে সামনে এরকম আরও

কতো রঙ্গ দেখবো রে ভাই!

৬২) হেঁই গো মা দূর্গা

বছর বছর আসিস মা তুই

দশ হাত ভরে অস্ত্র নিয়ে,

অসুর বিনাশ হচ্ছে কই মা

ঘুরছে দেখ ওরা বুক ফুলিয়ে।

তুই তো অসুর বিনাশিনী মা

তা কোথায় গেল তোর সে শক্তি?

তোর অস্ত্রগুলো সব হয়েছে ভোঁতা

অসুররা করে না তোকে ভয় ভক্তি।

সমাজে চলছে আজ অসুররাজ

তোর সন্তানেরা শোষিত নিপীড়িত,

তবুও থাকবি চোখ বুঁজে তুই

করবি না তুই প্রতিহত?

তাকিয়ে দেখ মা এই সমাজটা আজ

হিংস্র হায়েনাদের দখলে,

তোর শক্তি প্রয়োগ কর মা একবার

কর উৎখাত এদের সমূলে।

সব দেবতার বর পেয়েছিস

তবু কীসের এতো বাধা?

বিশ্বাস নিয়ে আর খেলিস না মা তুই

পারলে এবার অসুর নিধন করে দেখা।

না পারলে বুঝবো এবার

তুই শুধুই মাটির তৈরী প্রতিমা,

তোর কাছেতে পাবো না কিছুই

যতোই করি তোর আরাধনা।

সন্তানদের প্রতি যদি

থাকে মায়া মমতা,

তবে অসুরকূলকে বিনাশ করে

দেখিয়ে যা এবার তোর ক্ষমতা।

৬৩) লও শপথ

হাল ছেড়ো না বন্ধু সকল

একই উদ্যমে চল,

চীৎকার করে সমস্বরে

বিচারের দাবী তোলো।

আসবে ঝড় আসবে বাধা

হয়ে পড়ো না ক্লান্ত,

মনে মনে কর শপথ

বিচার নিয়েই হব ক্ষান্ত।

দুর্বৃত্তরা আসবে তেড়ে

করবে নানা আক্রমণ,

ভয় পেয়ো না বন্ধু সকল

চালাতে হবে এই আন্দোলন।

আঙ্গুল ভাঙ্গার হুমকি দিয়ে

যতোই দেখাক ভয়,

বোঝাতে হবে সেই লুম্পেন কে

আজ ভয়কে আমরা করেছি জয়।

শাসকের দিকে আঙ্গুল উঁচিয়ে

বলতে হবে দেখ শাসক,

আজ আমরা আর নই একা

গলা মিলিয়েছে লাখো লোক।

ক্ষমতার বলে তুমি শাসক

চাইছো করতে আড়াল যাদের,

চলবে লড়াই এই দাবীতে

শাস্তি চাই সবার তাদের।

চলবে লড়াই শাসক তুমি

যতোই হানো আঘাত,

রাস্তায় নেমে দেখ একবার

কতগুলো মাথা আর কত মুষ্টিবদ্ধ হাত!

৬৪) নির্লজ্জ শাসক

আমি তো চলেছি সুন্দরভাবে

আমার লক্ষ্যকে ঠিক রেখে,

আমার শাসনে বিদ্বজ্জনদের

কেমন শিড়দাঁড়া গেছে বেঁকে!

বসিয়ে দিয়েছি সবাইকে আমি

কোনো না কোনো বিশেষ পদে,

আমার অনুমতি ছাড়া এরা

সামিল হবে না কোনো প্রতিবাদে।

মাসটি গেলে সবার কাছে

পৌঁছে যায় টাকা ভর্তি খাম,

টাকাই আসল এদের কাছে

মনুষ্যত্যের এখন নেই কোন দাম।

কায়দা করে আমার কাছে

এদের শিড়দাঁড়া টি রেখেছি বন্ধক,

লাগিয়ে দিয়েছি মুখে তালা

রয় সদা এরা নতমস্তক।

পৌঁছে গেছে প্রায় সবার ই কাছে

কোনো না কোনো ভাতা,

এরাই করবে রক্ষা আমায়

যতোই ভরুক আমার পাপের খাতা।

নিয়েছি কিনে আমি লেখক থেকে কবি

শুধুই ভাতার বিনিময়ে,

মুখ কখনোই খুলবে না এরা

ভাতা বন্ধ হবার ভয়ে।

দিয়েছি সবাইকে লাইসেন্স আমি

কর যতো ইচ্ছা দুর্নীতি,

কেউ বোঝে নি আমার চাল

বেঁধেছি এভাবেই সবার টিকি।

গলা ফুলিয়ে যতোই চেঁচাও

আমার পদত্যাগ চেয়ে,

আমার তাতে নেই উদ্বেগ

আমার এই ভৃত্যরাই যাবে ধেয়ে।

আমিই ঈশ্বর আমিই ভগবান

আমিই সমাজের বিধাতা,

আমি চলবো আমার মতন

আমার হাতেই সব ক্ষমতা।

নামবে পথে আমার ভৃত্যসকল

শুধু আমার ইশারাতে,

আমি তো চলেছি সুন্দরভাবে

আমার লক্ষ্যকে ঠিক রেখে।

৬৫) হতাশাগ্রস্ত

আসি নি আমি নিজের ইচ্ছায়

এই পৃথিবীর বুকে,

তবে চলে যাবার ইচ্ছে জাগে

পৃথিবীর কাছে পাওয়া দুঃখ শোকে।

পৃথিবী পেয়েছি তোমার কাছে

প্রচুর অমূল্য রতন,

রেখেছি সব বুকেতে করে

করেছি তার পরম যতন।

পৃথিবী তুমি জীবনব্যপী

দিয়েছো প্রচুর সুখ আনন্দ,

পাই নি খুঁজে সেগুলো মাপার

সঠিক তুলাদন্ড।

সময় গেছে দিন গেছে

যুগ গেছে বদলে,

পৃথিবী তুমি হয়েছো এখন

বড়ই গোলমেলে।

পৃথিবী তুমি নেই সুন্দর

সেই আগের মতো,

সময়ের সাথে বদলে হয়েছো

নরকে পরিণত।

পৃথিবী তুমি নতুন করে

আর পারবে না কিছু দিতে,

শুধু একবার দাও অনুমতি

এ নরক ছেড়ে চলে যেতে।

৬৬) আন্দোলন

প্রতিবাদ যেন না হয় বন্ধ

গায়ে মেখো না রাজনীতির গন্ধ।

সুশীল সমাজ হও আগুয়ান

পথে নেমেছে অশক্ত থেকে জওয়ান।

বিচারের দাবীতে আজ সরব সব

তাদের আওয়াজে কাঁপে রাজপথ।

ঘরে বসে চুপ থেকো না আর

বিচারের দাবীতে হও সামিল তুমিও এবার।

তিলোত্তমার বুকে এই নারকীয় ঘটনা

বলি হবে এভাবেই আর কতো তিলোত্তমা?

মনে করে দেখ নিজের বাড়ীর মেয়ের মুখ

এ ঘটনার পরেও কাঁপে না কি একটুও বুক?

আর কতো চলবে এই অরাজকতা?

আর কতো মাকে কাঁদতে হবে বুকফাটা?

শাসক যেখানে আড়ালে ব্যস্ত

নাগরিকদের ওপরেই দায়িত্ব হয় ন্যস্ত।

তোলো আওয়াজ তোলো মুষ্টিবদ্ধ হাত

অপরাধী আর সাগরেদরা সবাই শাস্তি পাক।

বুকেতে জ্বালো আগুন মাথায় বাঁধো কফন

স্বস্তির শ্বাস নিও না দোষী চিহ্নিত না হয় যতোক্ষণ।

ছড়ায় সমাজে যারা নোংরা আবর্জনা

বুক চিতিয়ে বল তাদের গুন্ডামি তে ভয় পাই না।

সরিয়ে রাখো দূরে এখন রাজনৈতিক বিশ্বাস

সন্তানদের দাও আজ সুস্থ সমাজের আশ্বাস।

ঘর ছেড়ে সামিল হও সবাই মেয়েদের রাত দখলে

হয়ে নির্ভয় হয়ে দুর্বার যোগ দাও সবাই দলে দলে।

ইতিহাস হয়েছে আজ এই জনজাগরণ

ইতিহাস হয়েই থেকে যাবে মানুষের এই আন্দোলন।

৬৭) জনতার ব্যারিকেড

সমাজের এই জনজাগরণ

কাঁপিয়েছে শাষকের শিড়দাঁড়া,

বোধ বুদ্ধি সব পেয়েছে লোপ

শাষক হয়েছে আজ দিশেহারা।

লক্ষ্য স্বর লক্ষ্য আওয়াজ

বিচার চেয়ে লক্ষ্য ধ্বনি,

ভয় পেয়েছে শাষক আজ

আক্রমণ শানায় শাষকের বাহিনী।

নেমেছে জনতার রাত দখলে

শাষক বাহিনীর আক্রমণ,

শুরুটা ছিল বিচ্ছিন্ন ভাবে

ছড়িয়ে পড়ছে এখন এ সংক্রমণ।

জনতা আজ জোটবদ্ধ

তাই তো শাষক পেয়েছে ভয়,

যতোই আক্রমণ শাণাও শাষক

জনতা আজ ভয়কে করেছে জয়।

আর কতো বল করবে প্রয়োগ

আর কতো তুমি দেবে হুমকি?

ছাত্র যুব বৃদ্ধ বৃদ্ধা

রাস্তায় নেমে তোলে বিচারের দাবী।

লাখো জনতা চলেছে এগিয়ে

নির্ভয়ে ওরা পেতেছে বুক,

জেনে রাখো শাষক এরা দুর্জয়

জীবন দিতেও এরা প্রস্তুত।

ঘিরে ফেলছে শাষক তোমায়

জনতার এই ব্যারিকেড,

পিছু হটতে করবে বাধ্য

এই জনতার অদম্য জেদ।

৬৮) অন্তরের কান্না

বন্ধু তুই গেলি চলে

আমাকে একদম একলা ফেলে।

তোকে ছাড়া যে কতো অসহায় আমি

সে তো জানেন শুধু অন্তর্যামী।

পারি না কিছুতেই ভুলতে তোকে

অনুভব করি বেশ ব্যথা বুকে।

হয় না বিশ্বাস আজও কিছুতেই

এই ভুবনে তুই আর নেই।

মনকে বোঝাতে ব্যর্থ আমি

পাব না দেখতে আর তোর মুখখানি।

যখন ই থাকি একলা ঘরে

শুধু তোর কথাই মনে পড়ে।

পেলাম না তো তোর মতো আর এই জীবনে

তোর উপকার তোর ঋণ মনে পড়ে ক্ষণে ক্ষণে।

বন্ধুরে বুকেতে আজ জমেছে কত শত কথা

ভাগ করি আর কার সাথে মনের এই ব্যথা?

তুই তো ছিলি একমাত্র যে বুঝেছিলি আমায়

মনের কথা খুলে বলতাম তোকেই নির্দ্বিধায়।

কেঁদেছি একবার তোর কাছেই বাচ্চা ছেলের মতো

তুই নেই আজ মোচড় দেয় বুকে জমা কান্না যতো।

দুঃসময় এলেও ভাবিনি নিজেকে কভু অসহায়

তুই ছিলিস তোর হাত ছিল আমার মাথায় সদাই।

বিপদ যখন ই হয়েছে হাজির আমার ঘরের দুয়ারে

সাহায্যের হাত পেয়েছি তোর আমার শিয়রে।

আজ কেন জানি না বন্ধু ভীষণ বুকেতে পাচ্ছি ব্যথা

আর কিছু না বারে বারে মনে পড়ছে তোর ই কথা।

কেন এমন হোলো বন্ধু বোঝা আমায় একটিবার

সময় না হতেই তুই বন্ধ করলি তোর ঘরের দ্বার?

কেন এভাবে এতো সকালে ছাড়লি আমার হাত

কথা ছিল তো রাত অবধি দিবি আমার সাথ!

তোর ওপরে মাঝে মাঝে হয় খুব অভিমান

আমায় নিয়ে ভাবতিস আর নিজে হলি না সাবধান।

হাঁপিয়ে উঠছি পার করতে দিন একটা একটা

ভগ্নহৃদয়ে এভাবেই কাটবে বাকী জীবনটা।

৬৯) উৎসব

উৎসবের পড়েছে ডাক

এসে পড়বে হাজার ঢাক,

ঢাকের গায়ে থাকবে লেখা

তিলোত্তমা বিচার পাক।

ঢাকে পড়বে কাঠি

কোমোর দোলাবে হাজার ঢাকী,

সমস্বরে তুলবে আওয়াজ

শাস্তি পাক সব অপরাধী।

ভক্তবৃন্দ সকাল সাঁঝে

থাকবে পূজো প্যান্ডেলে,

ভক্তিভরে চলবে পূজা

আড়ম্বরকে ডোবায় ফেলে।

ধুনুচি নিয়ে চলবে আরতি

ছুটবে ধুনুচির আগুনের ফুলকি,

বলবে আগুনের ফুলকি গুলো

পড়ুক ধরা সব দুষ্কৃতি।

আছড়ে পড়বে জনতার ঢল

রাজপথের বুকে,

হাতের প্ল্যাকার্ডে থাকবে লেখা

রক্ত কেন তিলোত্তমার চোখে?

হাজার লোকের ভীড়ে

উঠবে শুধু একটাই স্বর,

উই ডিমান্ড জাস্টিস

জাস্টিস ফর আর জি কর।

৭০) আমাকে চিনুন

যতো ফুটানি আর নাম কেনা

ভর করে সেই হরিদাস পালে,

কাজ ফুরোলেই সপাটে চড়

বেচারা সেই হরিদাসের গালে।

কাজের বেলায় কাজী

কাজ ফুরোলেই পাজি,

কাজ করানোর তাগিদে আমি

কাছের মানুষ সাজি।

অভিনয়ে পারদর্শী আমি

মন ভোলাই নাটক করে,

সেই ধাতুতেই গড়া আমি

ঘোল খাওয়াই চুটকি মেরে।

মানুষকে বশ করতে

আমার জুড়ি মেলা ভার,

আমার অস্ত্রেই করি ঘায়েল

সে তো আমার বাঁ হাতের কারবার।

কান পাতলেই শুনতে পাবে

আমার কতো প্রশংসা!

ভেতরটা আমার কেউ জানে না

সেখানে জমা কতো কাদা!

৭১) ওরা উন্নত শির

ওরা অদম্য ওরা নির্ভয়

ওরা দামাল ছেলেমেয়ের দল,

ওরা বেপরোয়া ওরা দুর্বার

ওরা মাথায় নিয়েই চলে ঝড় জল।

ওরা উন্নত শিরে কথা বলে চলে

শাসকের চোখে চোখ রেখে,

কাঁপে না ওদের হৃদয় তাতে

আসে না সরে লক্ষ্য থেকে।

ওরা দুর্দম ওরা বিদ্রোহী

ওরা পরোয়া করে না শাস্তির খাঁড়া,

ওরা উদ্দাম ওরা দুরন্ত

ওরা বিক্রি করে নি ওদের শিড়দাঁড়া।

ওরা ছেড়ে এসেছে খাট পালঙ্ক

তবু লক্ষ্যে অবিচল,

ভুবনব্যাপী ছড়িয়েছে ওরা

আন্দোলনের দাবানল।

আপোষ করতে জানে না ওরা

ছেড়েছে ওরা ঘর বাড়ী,

আঙ্গুল উঁচিয়ে বলছে ওরা

দুর্নীতির বিরুদ্ধে লড়াই থাকবে জারী।

ভুলেছে ওরা উচ্চাভিলাষ

ভুলেছে ওদের স্বপ্ন,

বিষধর সাপের বিষদাঁত ভাঙ্গতে

হয়েছে ওরা আজ সবাই মগ্ন।

এমন লড়াই আগে কখনও

দেখেনি এ বিশ্বজগৎ,

জনতা নেমেছে ওদের পাশে

চায় এ লড়াই জয়যুক্ত হোক।

৭২) ভালোবাসার বাজার

ভালোবাসা তুমিও শেষে পণ্য হ'লে!

তুমিও দেখি বিক্রী হচ্ছো শপিং মলে।

লোকেও তোমায় দিচ্ছে বেচে পুরোনো হ'লে

বেরিয়ে পড়ছে বাজারে ফের তোমায় কিনবে ব'লে।।

তোমার দোকান গুলোতে দেখছি ভীড় কতো!

ক্রেতারা তোমায় কিনছে তাদের পছন্দ মতো।

অবাক চোখে দেখি শুধু তোমার এই বাজার

দেখি বিক্রেতাদের দোকানে জমছে টাকার পাহাড়।

আজব এই দুনিয়ার আজব এই বাজার

মানুষ সেখানে ওড়ায় দেখি টাকা হাজার হাজার।

বিক্রেতাও যায় কখনো ক্রেতার কাছে ছুটে

যদি তোমায় বিক্রী করে দামটি ভালো জোটে।

ভালোবাসা তোমার এই বাজারে বুকেও জমে ক্ষত

তুমি কি হিসেব রাখো এমন মানুষ কতো?

তোমায় ভালোবেসেও যারা পায় না তোমার দয়া

নির্দ্বিধায় তারা দেয় ছেড়ে এই জগতের মায়া।

৭৩) হুঁশিয়ারি

মুছে দিয়েছিস বেশ করেছিস

রাস্তায় লেখা স্লোগান,

পারবি কি মুছে দিতে

মানুষের হৃদয়ে যে লেখা পেয়েছে স্থান?

লেপে দিয়ে আলকাতরা
দেখিয়েছিস তোদের ভেতর কতো কালো!
মানুষ আজ নেমেছে পথে
এই কালো দূর করে আনতে আলো।

যতোই লাগা প্রলেপ আর

যতোই লাগা মলম,

আর জি কর এর ঘা শুকোবার নয়

এ যে মানবতার নিধন।

ভোলা যায় না ভুলছে না মানুষ

আলোচনায় শুধু আর জি কর,

আজ ডাক্তার মানুষ এককাট্রা

ভাঙতে সব দানবগড়।

এ আন্দোলন আজ বিশ্বজুড়ে

থামাবি তাকে কোন জাদুবলে!

আর্জি জানিয়ে শুনানি পেছানোর

যতো প্রচেষ্টাই কর ঝোলাতে কৌশলে।

জেগেছে জাতি জেগেছে সমাজ

দুর্নীতির বিরুদ্ধে দেগেছে কামান,

প্রতিবাদে আজ মুখরিত সমাজ

দিচ্ছে দুর্নীতি মুক্ত সমাজের আহ্বান।

৭৪) মৃত্যুও বেঁচে রবে

এমন মৃত্যু দেখি নি কখনও আগে

যে মৃত্যু ইতিহাসে লেখা রবে।

যে মৃত্যু দেয় নাড়িয়ে গোটা সমাজকে

যে মৃত্যু তোলে ঝড় আপামর জনতার বুকে।

যে মৃত্যু খুলে দেয় মনুষ্য সমাজের চোখ

যে মৃত্যু উন্মুক্ত করে মনুষ্যরূপী জন্তুর দাঁত নখ।

যে মৃত্যু দেখিয়ে দেয় চোখে আঙুল তুলে

প্রশাসনের নির্লজ্জতা পৌঁছোয় কোন তলে!

যে মৃত্যু সামনে আনে পর্দার আড়ালের দুর্নীতি

যে মৃত্যুতে ফুঁসে ওঠে সারা বিশ্বের মানব জাতি।

যে মৃত্যুতে জেগে ওঠে ঘুমন্ত কুম্ভকর্ণ

যে মৃত্যুতে প্রতিবাদে সামিল ভুলে জাত ধর্ম।

যে মৃত্যুতে ছড়িয়ে পড়ে বিক্ষোভের দাবানল

নেভাতে ব্যর্থ শাসক তাতে যতোই ঢালুক জল।

যে মৃত্যু করে দেয় শাসক শ্রেণীর লোম খাড়া

যে মৃত্যু চিনিয়ে দেয় কাদের সোজা শিরদাঁড়া।

যে মৃত্যু শিখিয়ে দেয় ভয়মুক্ত হতে

যে মৃত্যু সাহস যোগায় রাতের রাস্তার দখল নিতে।

যে মৃত্যুতে রাত দখলে শিশু থেকে বৃদ্ধা

হাতে সেই বৃদ্ধা মায়ের জ্বলন্ত মোমের শিখা।

যে মৃত্যু বলতে শেখায় শাসকের চোখে চোখ রেখে

যে মৃত্যুতে বিচারের দাবী ওঠে লাখো কণ্ঠে।

যে মৃত্যুতে ভিন্ন সুরে বাজে মহালয়ার ভোর

বিচারের দাবীতে কেঁপে ওঠে রাজপথের সব মোড়।

এমন মৃত্যু দেখি নি কখনও আগে

যে মৃত্যু মানুষের হৃদয়ে চিরকাল বেঁচে রবে।

৭৫) হ্যাপীর বাজার

চলছে হ্যাপীর ছড়াছড়ি

সেই পঁচিশ ডিসেম্বর থেকে শুরু,

হ্যাপি উইশের ই মরসুম এটা

তবু সত্যিই কি আমরা হ্যাপি গুরু?

সেই জাস্টিস জাস্টিস কত চীৎকার

কোথায় আজ সেই জাস্টিস!

সব ভুলে মেতেছে মানুষ

জানাতে সবারে হ্যাপীর উইশ।

একে একে মুক্ত সবাই

বিচারের নেই নাম গন্ধ,

মানুষ ব্যস্ত দিতে রায়

ওই বিচারক ভালো উনি মন্দ।

আশায় যারা বেঁধেছিল বুক

আনবেই ছিনিয়ে বিচার এবার,

ভালো করে খোঁজ নাও গুরু

হতাশাগ্রস্ত মন এদের সবার।

মানুষের ঘরের দেয়ালে পাতলে কান

শোনা যায় একটাই আওয়াজ,

ঘরে বসে শিক্ষিত বেকার

চাকরীর কোনো খোঁজ নেই আজ।

চাকরী বিকোচ্ছে টাকায় আজ

মেধার আর নেই কোন দাম,

অশিক্ষিতরা করছে রাজ

শিক্ষিতরা পায় না সম্মান।

রোজগারে ট্যাক্স বিক্রীতে ট্যাক্স

কিনলে পরে জি এস টি,

রেষ্টুরেন্টে খাওয়াও পায় না তো ছাড়

ধরছে টিপে জনতার টুঁটি।

পুঁজিপতিদের দিকে দেখ তাকিয়ে

তাদের জন্য কতো ছাড়!

যোগান দিতে তাদের সুখ

নাভিশ্বাস উঠছে তোমার আমার।

স্বজন পোষণ মাত্রাছাড়া

সুপারিশ ছাড়া হয় না তো কাজ,

রাজনীতিকরা জনতার জন্য

এ তো শুধুই ফাঁকা আওয়াজ।

উপচে পড়া দুর্নীতি

শাসকের রন্ধ্রে রন্ধ্রে,

রাজনীতি আজ কলুষিত

কী বর্ণে কী গন্ধে।

শাসক বিরোধী তলে তলে

একে অপরের সাথে মেলায় হাত,

জনতাকে খাইয়ে ঘোল

চালায় এই অশুভ আঁতাত।

এর পরেও প্রতিবারের ন্যায়

হয়েছে হ্যাপীর মেসেজ আসা শুরু,

বুকে হাত রেখে বল তো একবার

সত্যিই কি তুমি হ্যাপী গুরু?